O PERÍODO
INTERBÍBLICO

400 ANOS DE SILÊNCIO PROFÉTICO

ENÉAS TOGNINI

© 2009 por Enéas Tognini

1ª edição: abril de 2009
9ª reimpressão: setembro de 2021

REVISÃO
João Guimarães

EDIÇÃO DE TEXTO
Letras Reformadas

DIAGRAMAÇÃO
Letras Reformadas

CAPA
Souto Crescimento de Marca

EDITOR
Aldo Menezes

COORDENADOR DE PRODUÇÃO
Mauro Terrengui

IMPRESSÃO E ACABAMENTO
Imprensa da Fé

As opiniões, as interpretações e os conceitos emitidos nesta obra são de responsabilidade do autor e não refletem necessariamente o ponto de vista da Hagnos.

Todos os direitos desta edição reservados à
EDITORA HAGNOS LTDA.
Av. Jacinto Júlio, 27
04815-160 — São Paulo, SP
Tel.: (11) 5668-5668

E-mail: hagnos@hagnos.com.br
Home page: www.hagnos.com.br

**Dados Internacionais de Catalogação na Publicação (CIP)
Câmara Brasileira do Livro SP, Brasil**

Tognini, Enéas (1914-2015.)

O Período Interbíblico: 400 anos de silêncio profético/ Enéas Tognini. — São Paulo: Hagnos, 2009.

ISBN 978-85-7742-050-6

1. Israel: História 2. Judaísmo: História 3.Judeus: História 4. Livros: apócrifos I. Título

09-00835   CDD 229

Índices para catálogo sistemático:
1. Período interbíblico: comentários 229

Sumário

Agradecimentos 5
Introdução 7

1. Definição, ambiente e fontes históricas 13
2. Antecedentes históricos: de Abraão a Malaquias 43
3. Período Persa 65
4. Período Grego 83
5. Período Macabeu 93
6. Período Romano 131
7. Seitas político-religiosas 149
8. Instituições judaicas 175
9. Filosofia e teologia judaicas 187
10. A preparação do mundo para o advento do
    Messias 193

Apêndice 1: Tabelas sinóticas do Período
          Interbíblico 205
Apêndice 2: Hinos de louvor dos essênios 211
Bibliografia 217

Agradecimentos

Registro aqui minha palavra de gratidão ao pastor José dos Reis Pereira, que bondosamente reviu os manuscritos da primeira edição deste livro de 1951; ao dr. Silas Botelho, pelas oportunas sugestões; ao irmão Anésio Eugênio Gonçalves, que datilografou a primeira edição desta obra.

Introdução

Depois da pregação do profeta Malaquias, o cânon sagrado do Antigo Testamento foi concluído. A partir daí haveria 400 anos de silêncio profético até o advento de Cristo, quando a comunicação profética reabriu-se com João Batista, o Precursor do Messias, a "voz do que clama no deserto" (Mt 3.3). Durante muito tempo, esse período de silêncio recebeu pouca atenção, o que se refletia na escassez de material publicado a respeito do assunto no vernáculo. Essa foi a razão por que escrevi este livro em 1951. Hoje, porém, os estudantes dispõem de várias obras no vernáculo que abordam esse assunto, mas ainda não existe nenhuma que trate especificamente sobre esse tema.

Não é possível prescindir do estudo dessa época; entretanto, não é necessário lhe conferir importância em demasia. Basta pensar que a Providência, que desde o Éden prepara o homem para a redenção, não poderia deixar de agir na preparação social e espiritual do mundo, especialmente dos judeus, para o recebimento de Jesus, o "Desejado das nações".

Sem pendores especiais para os assuntos históricos, mas atraído pelos objetivos da cadeira de grego e Novo Testamento, predispus-me à obra por meio do incentivo de meu bom mestre e leal amigo dr. W. E. Allen, que proficientemente regeu aquela cadeira do Seminário Teológico Batista do Sul do Brasil. Estou cônscio de que, apesar da pobreza de recursos bibliográficos, esta obra poderia pelo menos contribuir de forma meritória para despertar pessoas mais bem preparadas a fim de que se sentissem compelidas a oferecer um texto muito mais generoso e informativo.

Comecei a escrever estas páginas visando precipuamente a meus colegas mais novos, a fim de evitar-lhes as canseiras das turmas anteriores, obrigadas a consultar volumes diversos em línguas estrangeiras. Isso explica os limites da obra e seu estilo didático. Não exaure a matéria; não se detém em minúcias: aponta, sim, um roteiro, e marca as balizas maiores de uma jornada de quase quatro séculos. É o suficiente para a iniciação; é essencial para o seminarista; quem quiser aprofundar o assunto precisará recorrer a uma bibliografia mais ampla, incluindo livros estrangeiros. A bibliografia desta obra traz excelentes recursos.

No capítulo 1 apresentamos informações preliminares, como a definição da expressão "Período Interbíblico" ou "Intertestamentário". Esclareceremos questões sobre o ambiente, ou seja, as condições e as transformações geográficas, econômicas, políticas e sociais da época relacionadas com a vida dos judeus no Período Interbíblico. Não menos importante é a questão quanto às fontes históricas desse período, pois a Bíblia mantém silêncio desde o último profeta Malaquias, cujo ministério situa-se entre 470 a.C. a 433 a.C. Assim, precisamos recorrer a

Flávio Josefo, a fonte principal sobre esse período, além da literatura "apócrifa".

No capítulo 2 faremos um resumo da história de Israel até o início do Período Interbíblico. Esses antecedentes históricos, de Abraão a Malaquias, dão-nos uma visão geral de por que os judeus, na condição de povo de Deus, estiveram por tanto tempo dominados por nações pagãs. O foco recairá sobre o cativeiro babilônico e por que Deus permitiu a ida do seu povo eleito ao exílio em terras tão distantes. Acompanharemos passo a passo a vida dos judeus na Babilônia e o que mudou na vida deles, em todos os aspectos, durante e depois dessa experiência.

Os capítulos 3 a 6 formam um bloco: o Período Interbíblico propriamente dito. Depois de Malaquias, começou o silêncio profético de 400 anos, que só seria interrompido com a pregação de João Batista. Nesse período, os judeus continuaram sob o domínio dos persas (capítulo 3), depois vieram os gregos (capítulo 4), incluindo os ptolomeus e os selêucidas, no domínio dos quais ocorre a revolta dos Macabeus (capítulo 5) e, por último, os romanos (capítulo 6), em cuja vigência nasce o Senhor Jesus. A análise do desenrolar histórico dessa sucessão de nações dominantes contribui muito para a compreensão do ambiente político e religioso em que Jesus nasceu.

Os capítulos 7 a 9 formam outro bloco: o ambiente religioso e político em que Jesus nasceu. Estudaremos sobre as seitas político-religiosas dos dias de Jesus (capítulo 7): escribas, fariseus, saduceus, essênios, herodianos e zelotes. Conheceremos também dois grupos à margem entre os judeus: os publicanos e os samaritanos. Embora não fossem partidos religiosos ou políticos, eram desprezados pela comunidade judaica. Os acontecimentos do Período Interbíblico explicam essas animosidades. Será igualmente importante conhecer as principais instituições do judaísmo e sua relevância para os israelitas: o templo, a sinagoga e o Sinédrio (capítulo 8). Não seria possível deixar de fora a filosofia e a teologia judaicas (capítulo 9). Passar pelas mãos de tantas nações deve ter, de algum modo, afetado o modo de o judeu fazer teologia, o que vai nos conduzir para os embates entre Jesus e os líderes religiosos de seus dias. Sobretudo no mundo greco-romano, a filosofia consegue um lugar de destaque na comunidade judaica, mas não sem lutas para se firmar. O capítulo é curto, mas traz informações relevantes.

O último capítulo, 10, faz um apanhado do que fora estudado, levando-nos a perceber como a Providência Divina preparou o mundo para a chegada do Senhor Jesus. Cada acontecimento histórico e cada nação, a seu modo, contribuíram de forma positiva para o ambiente em que Jesus nasceu e, depois, para a expansão do evangelho em todo o mundo.

Duas excelentes ajudas são apresentadas em 2 apêndices. No primeiro, "Tabelas sinóticas do Período Interbíblico", com um resumo dos principais acontecimentos desse período para uma rápida consulta. O segundo apêndice traz um material riquíssimo: "Hinos de louvor dos essênios", que mostra como a hinologia dos essênios era vasta e rica.

Para concluir, cumpre advertir que no preparo deste compêndio tivemos diante dos olhos o excelente livreto *From Babylon to Bethlehem*, de Claudius Lamas McGinty, do qual foram extraídas as tabelas sinóticas do Período Interbíblico. Também examinamos, entre outros, os seguintes livros de grande valor: *Entre los dos Testamentos*, de William Smith; *História, doutrina e interpretação da Bíblia*, de Joseph Angus; e *New Testament World*, de H. E. Dana.

Entrego este livro nas mãos de meu bendito Salvador Cristo Jesus, rogando-lhe que o abençoe para a glória do seu reino e a salvação das almas em minha querida pátria.

Enéas Tognini
São Paulo, janeiro de 2009.

1
Definição, ambiente e fontes históricas

Etimologicamente, "interbíblico" quer dizer "entre a Bíblia", ou melhor, "entre os dois Testamentos", isto é, entre o Antigo e o Novo Testamento. Daí também decorre a designação "Intertestamentário".

O Período Interbíblico tem início com a interrupção da atividade profética entre o povo de Deus. Malaquias foi o último profeta a transmitir as palavras do Senhor até o começo do ministério de João Batista. O ministério de Malaquias pode ser datado entre 470 a.C. a 433 a.C. O seu livro foi escrito em alguma data desse período.

Malaquias termina com a promessa do precursor do Messias (Ml 4.4-6; 3.1). Mateus 3.1 é o cumprimento fiel dessa profecia. No entanto, entre a profecia (Ml 3.1) e seu cumprimento (Mt 3.1), transcorreram nada menos de 400 anos. Em ligeiros traços, temos aqui uma parte significativa da história do povo de Deus.

No transcurso desses anos, houve mudanças radicais, na terra e na vida do povo do Senhor, como também na vida e nos costumes das nações gentias. O mapa-múndi sofreu sensíveis transformações. A história das apuradas civilizações oscila grandemente. Enquanto poderosíssimas civilizações eram sepultadas pelas armas brutais dos inimigos incontidos, outras surgiam aqui e acolá, graças às armas vitoriosas de povos conquistadores. Assim, os geógrafos-historiadores contemporâneos ou semicontemporâneos desses acontecimentos registraram em seus anais as diversas transformações pelas quais o mundo de então passou.

Os 400 anos do Período Interbíblico caracterizam-se pela cessação da revelação bíblica, pelo silêncio profundo em que Deus permaneceu em relação ao seu povo, pois durante esse tempo nenhum profeta se levantou em nome de Deus.

No silêncio desesperador desses 400 anos, o Senhor deixou que os esforços dos homens na resolução de problemas espirituais falhassem; que a filosofia se desmoronasse; que o poder material enfadasse as almas; que a imoralidade religiosa desiludisse a todos, mesmo os corações mais ímpios; que a corrupção campeasse e atingisse as raias da depravação, mostrando assim ao homem a inutilidade de tais sistemas e instituições.

Em 500 e poucos anos, os judeus foram derrotados, levados ao cativeiro; sua metrópole fora destruída, seu templo profanado e derrubado. Depois de duras provas pelas quais passaram, eles tornaram a Jerusalém, reedificaram a cidade, reconstruíram o templo e prosseguiram na sua história brilhante e ascendente, cujo término se verificou em 70 da nossa era, na destruição de Jerusalém pelos romanos.

Durante o Período Interbíblico os judeus viveram sob o domínio consecutivo de três nações: Pérsia, Grécia e Roma. O fundo histórico que vai nos interessar desses povos é aquele que diz respeito à atuação dessas nações diretamente na vida do povo de Deus. (Isso quer dizer que faremos muitos recortes históricos com a finalidade de ser preciso quanto ao período em análise.) Entre a dominação grega e a romana, também estudaremos o "Período Macabeu", em que os judeus retomaram o controle de sua nação e experimentaram um período de independência política e religiosa.

Ambiente

Por "ambiente" entendemos as condições e as transformações geográficas, econômicas, políticas e sociais da época relacionadas com a vida dos judeus no Período Interbíblico.

O judaísmo no Novo Testamento difere substancialmente do Antigo Testamento. Essa mudança de ambiente entre os dois judaísmos é digna de nota e precisa ser considerada a fim de que entendamos melhor o mundo judeu nos dias dos Evangelhos.

Antes do início do Período Interbíblico, as tribos de Israel já haviam desaparecido. Foram absorvidas pela sagacidade dos assírios. Isaías profetizara que apenas um "restante" de Judá seria salvo. Com efeito, a tribo de Judá sobreviveu a todas as intempéries, tribulações e humilhações a que foi submetida, além de enfrentar o furor dos inimigos. Depois que a tempestade babilônica passou, Judá despontou fulgente em Jerusalém, a fim de reiniciar seus trabalhos e de continuar suas tradições religiosas.

Os judeus amavam Jerusalém. Uma vez no exílio, toda a dor e opressão, todo o desespero foi insuficiente para amortecer em sua alma o apego à Cidade Santa. Prosseguiam em suas tradições cívico-religiosas. Mantiveram acesas as suas lâmpadas espirituais. Nesse tempo, a esperança messiânica, cujo desfecho aconteceria em Jerusalém, cresceu em seus corações. Alimentaram, portanto, o desejo vivo de voltar à cidade do Grande Rei. Esse desejo obrigou os judeus a não se ajustarem às condições sociais e religiosas do povo vencedor. Por conseguinte, a religião do Senhor, mesmo no cativeiro, foi preservada.

Um dos maiores benefícios do cativeiro babilônico foi o de colocar um marco entre o povo de Deus para mostrar-nos o velho e o novo judeu. Isto é, o judeu velho, pessimista, vencido, sem esperança nas promessas do Eterno, e o judeu novo, despertado, transformado, curado de sua idolatria e pronto a obedecer fielmente à voz de Deus.

Os dois tipos de judeus voltaram a Jerusalém, mas o novo venceu o velho, de sorte que todas as tendências idólatras e derrotistas foram suplantadas pela atitude otimista dos judeus transformados, que estavam dispostos a lutar até derramar sangue a fim de preservar a pura religião do seu Deus. Daí encontramos no Novo Testamento Saulo de Tarso, um judeu excessivamente nacionalista, aferrado às tradições do seu povo, excedendo em zelo e alcançando as raias do fanatismo; cego, pronto a matar, pronto a cometer qualquer atrocidade por falso zelo religioso ou por zelo verdadeiro.

As transformações políticas na vida dos judeus não foram menores. O Antigo Testamento deixa a Palestina como uma satrapia persa. Abrimos o Novo Testamento e ali encontramos a dominação romana no apogeu da sua força. Essa tradição entre o poderio persa e o romano, mediado pelo grego ou macedônico, não a encontramos na Bíblia, porque ocorreu nos anos do silêncio divino. Mas há registros históricos desses eventos. Para melhor interpretar a Bíblia, especialmente o Novo Testamento, precisamos conhecer essas partes históricas as quais elas constituem.

Encontramos nas páginas do Novo Testamento uma onda invasora de influência grega, permeando a sociedade daquela época. Em todas as partes prevalecem a língua, as artes, os costumes, a filosofia e a literatura gregos. O Antigo e o Novo Testamento nada nos dizem a respeito. Mais uma vez, as circunstâncias obrigam-nos a recorrer à história para termos luz sobre os fatos. Também vamos, através desses estudos, descobrir que isso devemos à helenização do mundo, pelo famoso conquistador Alexandre, o Grande.

Notamos igualmente mudança na língua falada pelos judeus. Antes os judeus falavam o hebraico. Após o cativeiro começaram a falar aramaico. Perderam na Babilônia a sua língua hebraica. O aramaico é o hebraico transformado pela influência de diversos idiomas orientais.

Durante o cativeiro babilônico surgiram as sinagogas, atravessando séculos e chegando até nossos dias; sua função na vida religiosa do judeu e na propagação do cristianismo é relevante.

Em lugar das doze tribos de Israel ocupando o território da Palestina, como mostra o Antigo Testamento, encontramos nos dias de Jesus quatro ou cinco regiões, como Galileia, Samaria, Judeia, Pereia etc.

Nos dias de Jesus parece que o exclusivismo judeu, gerado sob circunstâncias prementes na Babilônia, que floresce, amadurece, torna-se impertinente e odioso. Entretanto, interpretado esse fator do ponto de vista judeu, ele se nos apresenta como zelo excessivo pelas tradições dos antepassados, cuja liberdade foi conquistada com derramamento de sangue e com enormes sacrifícios.

Durante o cativeiro apareceram diversas seitas político-religiosas que, no correr dos anos, se multiplicaram, principalmente sob o regime romano, cuja dominação severa muito contribuiu para essa situação.

O cativeiro babilônico foi o tiro de morte na tendência do judeu na adoração de ídolos. Hoje, o judeu prefere a morte a prestar culto a uma imagem. Nem as chamas da Inquisição espanhola, nem as atrocidades de D. João III conseguiram fazer que os judeus se ajoelhassem diante de imagens. Lá entre os deuses, os judeus, que foram para a Babilônia por causa de idolatria, curaram-se desse mal. Esse efeito perdura até os dias atuais.

No cativeiro, graças à benéfica influência dos profetas do Altíssimo, graças também ao sofrimento, cresceu a esperança messiânica, que se mantinha viva ainda nos dias do Novo Testamento.

Fontes históricas

As fontes históricas de informações para análise e estudo do Período Interbíblico vêm-nos, sobretudo, de Flávio Josefo e da literatura apócrifa. A Bíblia pouco nos informa sobre esses acontecimentos.

Flávio Josefo

Natural de Jerusalém, Flávio Josefo nasceu em 37 d.C. O pai era de família sacerdotal, enquanto a mãe descendia dos hasmonianos, de uma das mais ilustres famílias macabeias.

Josefo, desde tenra idade, mostrou-se sempre vivo. Aos 14 anos, conforme registra em autobiografia, ensinava aos sumos sacerdotes pontos obscuros da Lei. Fez estudos especiais e tornou-se erudito, portador de vasto saber.

Estudou as seitas judaicas de seu tempo. Conta-nos que para se informar bem a respeito dos essênios, aquela seita exótica, foi ao deserto onde se achava certo Banus, chefe desse grupo, e ali permaneceu 3 anos. Na sua convicção religiosa, era fariseu e dos mais tradicionalistas e exclusivistas.

Félix condenou diversos sacerdotes, e estes apelaram a Roma, para onde eram enviados. Josefo, aos 26 anos, foi a Roma como advogado desses sacerdotes. Depois de tornar-se famoso, conhecido no Império Romano, Josefo achou por bem aconselhar os líderes de seu país no sentido de evitarem qualquer conflito com os romanos, pois notava a inclinação do seu povo para se indisporem contra o Império. Esse conselho foi tomado pelos judeus como uma atitude de traição, de deslealdade.

Após as vitórias dos judeus sobre o governador da Síria, Celtius Gallus, os judeus nomearam Josefo comandante da Galileia, a fim de concitar o povo à guerra contra os romanos. Nessa conjectura, Nero enviou Vespasiano para guerrear os judeus. Vespasiano e seu filho Tito prenderam Josefo e o algemaram; porém, este se apresentou como profeta e vaticinou que tanto Vespasiano como Tito chegariam a ocupar o trono do Grande Império. Animados com a notícia, os dois generais libertam Josefo e o honram muitíssimo. Flávio era bem-intencionado, não lhe faltava o patriotismo, nem os sentimentos de nacionalismo deixavam de vibrar em sua alma; e foi exatamente por seu patriotismo que ele desejava evitar a ruína de sua nação.

Em 69 d.C., cumprindo-se a casual profecia de Josefo, Vespasiano ascendia ao trono de Roma. Nesse tempo, as cadeias do historiador foram trocadas por cetro e transferiu-se para Roma, onde esteve ao lado de Vespasiano.

Conta-se que Josefo se achava como oficial de Tito quando os romanos destruíram Jerusalém. Foi visto pelos judeus, que o odiaram muito por causa desse fato. Nos dias aflitivos que sucederam a queda da Cidade Santa, Josefo usou de seu prestígio para salvar a vida de centenas de judeus.

Ele morreu no ano de 100 d.C., pouco depois de Agripa II. Os romanos o honraram, erigindo sua estátua na grande capital.

Josefo escreveu obras de incontestável valor.

1. *Guerras judaicas* (também chamada de *A guerra dos judeus* ou *História das guerras judaicas*). A obra foi escrita nos últimos anos do reinado de Vespasiano. Aqui, Josefo demonstra sua capacidade literária. Esse tratado foi e continua sendo muito apreciado. Os especialistas em Josefo afirmam que o livro foi escrito à medida que o autor ampliava seus apontamentos, tomados quando participava das batalhas nele descritas. O relato principia com rápidas menções dos feitos nacionais do seu povo desde Antíoco Epífanes até a luta dos judeus contra os romanos. O livro consta de sete capítulos, cinco dos quais descrevem a queda de Jerusalém por Tito.
2. *Antiguidade dos judeus* (ou apenas *Antiguidade*). Composta de 20 tomos, essa obra foi escrita em 93 d.C. Trata-se de obra de fôlego, em que o autor caprichou, sendo considerada mais preciosa que o *Guerras judaicas*. A obra, salvo raras exceções, é apologética. Nela o autor descreve a história e interpreta os fatos do Antigo Testamento. Essa narrativa vai da criação ao Período Interbíblico. Passagens obscuras do Antigo Testamento não

entraram nas cogitações do autor. Ele procura apresentar uma interpretação natural a certos milagres. De forma magistral, ele apresenta a genealogia dos sumos sacerdotes desde Arão até a queda de Jerusalém.
3. *Contra Apion* (ou *Tese contra Apion*). Essa obra é uma réplica aos abusos e exageros de críticos de seu livro *Antiguidade dos judeus*. Havia no seu tempo uma poderosa corrente antissemita; apologistas dessa corrente se insurgiram contra Josefo e suas obras, dentre esses o alexandrino Apion. Supõe-se que tenha sido escrito nos últimos tempos do apóstolo João.
4. *Autobiografia*. Josefo se defende nessa obra das acusações de Justo de Tiberíades, um historiador rival que o acusava de ser o responsável pela guerra judaica que culminou com a destruição de Jerusalém e do templo no ano 70 d.C. Josefo então tenta explicar sua participação nos acontecimentos de 66-70 d.C.

Sem dúvida, Josefo foi um grande historiador. Suas obras ainda hoje são estudadas com carinho e prestam estimáveis auxílios à história do Período Interbíblico.

Literatura apócrifa

Leslie Fuller encarece a importância da literatura apócrifa, a qual surgiu nos anos que mediam de Malaquias a João Batista, o precursor do Senhor Jesus Cristo. A seu ver, três fatores preponderantes constituem a contribuição dessa literatura para o estudo da Palavra de Deus:

1. Auxilia diretamente a precisar a cronologia dos livros do Antigo Testamento.

2. Revela-nos com perfeição o ambiente helênico em que se processavam tantas transformações e que conduziram ao mundo e ao ambiente em que Jesus viveu.
3. Habilita o estudante da Bíblia a uma melhor compreensão da história de Israel.[1]

A literatura produzida nesse período é extremamente vasta. Daremos ligeiras informações sobre tão importantes escritos.

Definição
Diversos nomes foram dados à literatura desse período:

1. *Apócrifa.* É um vocábulo grego que significa "oculto" e era usado primitivamente em literatura para designar o que se achava em sigilo aos iniciados e revelado aos sábios. Séculos mais tarde, serviu para designar escritos de segunda classe; nos dias de Jerônimo designava a literatura "ilegítima" ou "falsa", isto é, não inspirada. Esse sentido permaneceu. Hoje "apócrifo" significa "falso", "que não apresenta autenticidade", "ilegítimo" etc. Como usualmente entendemos, refere-se à coleção de livros não-canônicos, incorporados à Septuaginta e à Vulgata, mas que foram rejeitados por judeus e protestantes.
2. *Pseudoepigráfica.* Nome dados aos escritos judaicos extrabíblicos ou não inspirados do Antigo Testamento. Nessa linha temos: *Enoque, Os doze patriarcas,*

---

[1] FULLER, Leslie. *Comentário bíblico de Abingdon.*Tomo II. Buenos Aires: Libreria La Aurora, 1930, p. 42.

Moisés, Esdras etc. Em linguagem moderna é o mesmo que "pseudonímia" (obra literária escrita sob um nome falso).
3. *Apocalíptica*. Esse termo significa "revelado". É uma subdivisão da literatura pseudoepigráfica: livros escritos sob pseudônimo. Nessa produção vemos um bem definido movimento literário no seio do judaísmo, que vai do século II a.C. até o XIV d.C. Sua origem atesta um forte motivo de controvérsia. A rápida e assombrosa divulgação dos livros apocalípticos só pode ser atribuída à própria natureza das mensagens ou aos assuntos versados em tais escritos.

Data

A questão mais angustiante dos apócrifos, sem dúvida, é a que diz respeito a sua cronologia. As escolas teológicas discutem qual livro apareceu primeiro. Uma significativa maioria aponta *Eclesiástico*, datado de 190 a.C. Desse modo, multiplicam-se as hipóteses e algumas chegam a extremos, como afirmar o aparecimento dos primeiros livros 300 anos antes de Cristo ou então datá-los até três séculos depois de Cristo.

Leslie Fuller situa grande parte dos apócrifos entre 100 a.C. e 130 d.C. Com as mesmas dificuldades lutam os apócrifos do Novo Testamento. Em se tratando de literatura apócrifa, para nós apenas de valor histórico e literário, prescindiremos dessa parte, deixando o assunto para os especialistas.

Local

Se a questão cronológica é quase insolúvel, não menos é a do local onde os apócrifos foram produzidos. Os estudiosos da matéria não chegam a um acordo. Para cada livro são apontadas dezenas de lugares possíveis onde os apócrifos teriam sido escritos. Só esse lado da questão consumiria boa parte do nosso tempo e nos levaria a estudos exaustivos. Para estudos aprofundados da matéria remeteremos o prezado leitor ao excelente comentário de Lange, ao volume dedicado a tal literatura, onde se fazem os mais minuciosos e consumados estudos sobre todos os aspectos dos apócrifos.[2]

Autores

Determinar os autores dos apócrifos é uma questão complicada para os críticos. Sabe-se, por exemplo, que os Macabeus não foram escritos por nenhum membro dessa histórica família; Daniel não escreveu a parte suplementar das suas profecias conhecidas como "Acréscimos a Daniel"; Salomão não escreveu o "Sabedoria", e assim sucessivamente. Os nomes de Salomão, Daniel e outros ilustres personagens foram dados aos livros por uma questão de prestígio pessoal. A Igreja Católica Romana resolve o problema valendo-se da autoridade; assim, para ela, "Acréscimos a Ester" foram escritos por Mardoqueu; "Acréscimos a Daniel", por Daniel; "Sabedoria", por Salomão; "Eclesiástico", por Jesus filho de Sirac; desse modo ingênuo, vai-se determinando autor por autor dos apócrifos. Entretanto, para os espíritos livres, baseados em críticas judiciosas e moderadas, o problema se apresenta

---

[2] LANGE, John Peter; SCHAFF, Philip. *A Commentary of the Scriptures*. New York: Charles Scribner's Sons, 1880. 25 volumes. "The Apocrypha of the Old Testament". Veja também DAVIS, John. *Novo dicionário da Bíblia*. Ed. ampl. e atual. São Paulo: Hagnos, 2005. Verbete "Apócrifo".

muito mais complexo. Pela data e pelo local em que cada apócrifo foi produzido deduz-se que os nomes dados aos livros não coincidem com a realidade, de onde os fatos nos mandam concluir que tais nomes são supostos e não verdadeiros.

Circunstâncias em que foram produzidos

As circunstâncias em que os apócrifos foram produzidos eram diversas. Se aceitarmos a data máxima dos modernos especialistas para a escrita dos primeiros apócrifos, ou seja, 300 a.C., penetraremos, então, no ambiente em que tal literatura realmente apareceu. Dentre as muitas circunstâncias, destacamos estas:

Após os últimos profetas (Ageu, Zacarias e Malaquias) a profecia emudeceu. Malaquias deixa os judeus (uma parte em Jerusalém e a maior parte espalhada pelo mundo de então). Os profetas falaram sobre as grandiosas promessas divinas; apontaram os tempos opulentos e descreveram o Messias, bem como seu reino de glória. É verdade que Isaías o descreveu como "servo sofredor", mas isto Israel não sabia interpretar, e, pondo-o à margem, voltava-se para o auge de poderoso reino. Depois de Malaquias, os judeus não receberam uma palavra por parte de Deus. Começaram a ficar decepcionados com as promessas. Faltando-lhes a revelação divina, voaram nas asas da imaginação, urdindo planos que se consubstanciaram em peças literárias, cujas preocupações eram consolar o povo que esperava uma palavra de Deus. No silêncio da voz divina, multiplicaram-se as palavras humanas.

Um segundo elemento contributivo foi a dispersão dos judeus desde Nabucodonosor. Antes disso, vemos como os reis de Judá fizeram tudo para manter a unidade nacional. Com o fim dessa unidade, o rebanho do Sul, em quem repousavam todas as esperanças do futuro da teocracia, foi disperso. A tribo de Judá foi derrotada e humilhada por estrangeiros. Os judeus viviam aflitos e desnorteados; foram separados do templo e sua hegemonia foi quebrada. A força de suas tradições foi enfraquecida. Eles abandonaram velhos costumes, adquiriram riquezas, espalharam-se pelo mundo, mas sempre se lembravam de Jerusalém e mantinham-se firmes e fiéis a Deus e à sua Palavra. Dessa nostalgia nasceram muitos livros apócrifos.

Outra circunstância que contribuiu para o surgimento dos apócrifos está no espírito esteiro e nacionalista do judeu em interpretar a profecia. Eles eram exageradamente imediatistas. Concebiam um reino messiânico temporal e segundo os caprichos de uma nação, de um povo. Recorriam às profecias do Antigo Testamento e faziam tudo para que essas atendessem às exigências de Israel. Frustradas as possibilidades, eles recorriam à imaginação. Assim, o conteúdo de diversos apócrifos é uma tentativa de harmonizar o que Deus prometeu nos profetas com as contingências da época em que viviam.

Mas não é tudo. Há outro motivo. Os pontos anteriores podem ser comparados a pequenas vertentes que se vão avolumar nesta, formando uma corrente. Referimo-nos às perseguições movidas pelos sírios contra os judeus, após a morte de Alexandre, o Grande. Quando essa perseguição recrudesceu, a literatura apócrifa multiplicou-se. Um povo tradicional, que esteve nos fastígios da glória, povo forte e respeitado, agora, porém, era vilipendiado. Como se não bastasse, seu templo foi profanado e os tesouros do seu passado foram conspurcados. Vem a reação, que começa com o despertar do sentimento nacionalista. Raia-lhes uma manhã de esperança; rompe-lhes um sol de justiça. Unem-se, lutam e vencem. Os apócrifos aparecem tanto para conclamar o povo a se unir a fim de reivindicar os seus direitos ultrajados por estrangeiros impiedosos, como para cantar as vitórias concedidas por Deus. Esse é o caso dos dois livros de Macabeus, uns dos mais lindos e mais plenos de patriotismo ardoroso.

Lista dos apócrifos do Antigo Testamento

O número de livros apócrifos é quase infinito. Diversas tentativas foram feitas com a finalidade de catalogá-los. Tudo em vão, pois nenhuma delas incluiu a totalidade.

Os apócrifos do Antigo Testamento não têm nenhuma relação com os *genuzim* ou "livros reservados", que os judeus não consideravam inspirados. Os *genuzim* eram guardados apenas por razões de piedade na *gehizah* das sinagogas.

Os apócrifos refletem as duas correntes rabínicas: *halákica* ou jurídica e *haggádica* ou histórica, inclinando-se para o apocalíptico. Escritos originalmente em hebraico ou aramaico, mas conservados somente no grego. Dividem-se em três grupos:

1. Históricos — *Livro dos jubileus, Vida de Adão e Eva, Ascensão de Isaías, 3Esdras, 3Macabeus, O testamento de Moisés, Eldade e Medade, História de João Hircano.*
2. Didáticos — *Testamento dos doze Patriarcas, Salmos de Salomão, Ode de Salomão, Oração de Manassés* e *4Macabeus.*
3. Apocalípticos — *Livro de Enoque, Ascensão de Moisés, 4Esdras, Apocalipse de Baruque, Apocalipse de Elias, Apocalipse de Ezequiel* e *Oráculos Sibilinos.*

A Igreja Romana, por resoluções do Concílio de Trento (1545), aceita apenas os seguintes "apócrifos": *Judite, Tobias, Acréscimos de Ester, Sabedoria, Eclesiástico, Baruque, Acréscimo de Daniel, 1Macabeus* e *2Macabeus*. A Igreja Romana designa-os por "deuterocanônicos", ou seja, "pertencentes ao segundo cânon".[3]

Canonicidade dos apócrifos

Sobre o problema da canonicidade dos apócrifos, o padre José Carlos Rodrigues afirma:

> Assim, a primeira versão latina da Bíblia (Itália) feita da LXX [Septuaginta] continha, segundo a opinião dos melhores críticos, todos os apócrifos exceto III e IV Macabeus, mas acrescentou-lhe IV Esdras, que corria em separado. Na versão de Jerônimo do original hebraico ele excluiu, está visto, os apócrifos, cingindo-se aos 22 livros daquele códice. Mais tarde, disse porém (no seu Prol. dos Liv. de Sal.) que "como a igreja lê Judite e Tobias e os livros Macabeus, apesar de não recebê-los no Cânon das suas Escrituras, também deve ler estes dois livros (Sabedoria e Eclesiástico) para mera edificação, não para confirmação dos dogmas da mesma igreja".[4]

Depois dessa concessão, não é de admirar que todos os apócrifos fossem obtendo reconhecimento geral. Nos concílios de Hipo ou Hipona (393) e Cartago (397), dominados por Agostinho, foram reconhecidos como

---

[3]Cabe lembrar que assim como as igrejas evangélicas, a Igreja Romana também rejeita categoricamente todos os apócrifos do Novo Testamento.

[4]RODRIGUES, José Carlos. *Estudo histórico e crítico sobre o Velho Testamento*, vol. 2, p. 463-464.

canônicos *Tobias, Judite, 1Macabeus, 2Macabeus, Sabedoria* e *Eclesiástico*. Até o Concílio de Trento, em 1546, grandes autoridades eclesiástica dos católicos romanos ainda se manifestavam contra a canonicidade dos apócrifos, bastando citar Tomás de Aquino, no século XIII. Trento, porém, admitiu como canônicos *3Esdras, 4Esdras, Tobias, Sabedoria, Eclesiástico, Baruque, 1Macabeus* e *2Macabeus*, bem como os acréscimos a Ester e Daniel. Dos chamados apócrifos, que corriam, o concílio só excluiu o *3Macabeus* e *4Macabeus*.[5]

Para nós, todos os "apócrifos" ou "deuterocanônicos" estão no mesmo plano, isto é, são extrabíblicos e não são inspirados. A literatura apócrifa é pouco reconhecida. "O seu estudo nos fascina", afirma o padre José Carlos Rodrigues, "por apresentar-nos as ideias que flutuavam no judaísmo, quando dele nasceu o cristianismo".[6] Em nosso estudo, a literatura apócrifa vem ao nosso auxílio fornecendo-nos dados históricos e mostrando-nos o ambiente do Período Intertestamentário.

A matéria dos apócrifos
Eis um panorama dos apócrifos mais famosos.

3Esdras
Na Septuaginta, os livros canônicos de Esdras e Neemias são designados respectivamente *1Esdras* e *2Esdras*. Os

---

[5]Para mais esclarecimentos, veja LANGE, John Peter; SCHAFF, Philip. *A Commentary of the Scriptures*. "The Apocrypha of the Old Testament". Veja também a introdução aos apócrifos (deuterocanônicos) de *A Bíblia de Jerusalém* (São Paulo: Paulus, 2002) e a tradução do padre Antônio Pereira de Figueiredo, vol. 1, parte introdutória.
[6]RODRIGUES, José Carlos. *Estudo histórico e crítico sobre o Velho Testamento*, vol. 2, p. 462.

livros de *3Esdras* e *4Esdras* correspondem aos apócrifos e são ali chamados *Esdras A* e *Esdras B*. O livro relata a história de Josias quando celebrou a Páscoa; menciona as realizações dos últimos reis de Judá; alude ao decreto de Ciro, à carta dos samaritanos a Artaxerxes, às ordens de Damasco, ao triunfo de Zorobabel, à reconstrução do templo de Jerusalém e de sua dedicação ao Senhor, à chegada de Esdras na Cidade Santa com sacerdotes e levitas e à leitura da Lei de Moisés em 444 a.C. O autor desse "apócrifo" inverte a ordem dos reis persas e dificulta a inteligibilidade de alguns passos históricos. O que caracteriza o livro é a história de três rapazes e a vitória de Zorobabel, que, segundo José Carlos Rodrigues,[7] são verdadeiros contos orientais, à semelhança de "Noites árabes". Aparece no livro um debate sobre "Qual a coisa mais bela?" Há também outras histórias hilariantes.

4Esdras

Afirma-se que tenha sido escrito em grego e depois traduzido para o latim, mas até hoje só foi encontrada a parte latina. O que levou muitos críticos a essa conclusão foi o número absurdo de helenismos presentes na obra. Atribui-se que o livro tenha sido escrito nos dias do imperador Domiciano (81-96 d.C.). Parte do livro baseia-se nas tradições judaicas e partes em tradições cristãs. Consta sobretudo de uma série de revelações a Esdras concedidas por um anjo. O judaísmo é apresentado nessas revelações em seus melhores aspectos.

---

[7] RODRIGUES, José Carlos. *Estudo histórico e crítico sobre o Velho Testamento*, vol. 2, p. 464.

1. Primeira visão (3.1—5.20). Esdras está sentado em Jerusalém, 30 anos depois de sua destruição. O vidente chora ante as ruínas da grande cidade e ante o opróbrio de seu povo, humilhado no exílio. Nesses momentos de tristezas, aparece-lhe o anjo Uriel, que o censura, dizendo-lhe que a maldade deve permanecer algum tempo, do mesmo modo como as almas no inferno têm o seu tempo de ali permanecerem.
2. Segunda visão (5.21—6.34). Esdras queixa-se. O mesmo anjo lhe aparece. Desta vez para lhe dizer que o "fim" está próximo e quem o trará é o próprio Criador.
3. Terceira visão (6.35—9.25). O anjo Uriel explica a Esdras que quando o fim do mundo estiver iminente, cujos sinais já lhe foram concedidos, Deus enviará o seu Filho Unigênito com a corte de sua Majestade. Haverá então um período de 400 anos de alegria completa. Findo esses anos, o Filho e os seus escolhidos morrerão. Segue-se a ressurreição, para o juízo, cujo tempo é de um ano-semana. Nessa ocasião, haverá separação entre bons e maus. Como severo castigo, não haverá mais tempo para arrependimento. Ninguém poderá interceder pelos maus. Diante disso, o vidente lastima que tão poucos se salvem, ao que o anjo lhe retruca: "... os únicos culpados desse estado de perdição foram eles mesmos que escolheram o caminho da impiedade".
4. Quarta visão (9.26—10.60). Esdras continua a se queixar. Levantando porém os olhos, vê uma mulher, cujo único filho concebido após 30 anos de esterilidade morrerá à espada quando a cidade for

destruída. Ele morrerá exatamente no dia em que se casaria. A mulher levanta o rosto e grita; a terra treme, muda-se o cenário; em lugar da mulher, o vidente depara-se com o panorama de uma encantadora cidade. Uriel então explica-lhe a visão: a mulher é Sião; os 30 anos correspondem aos 300 anos em que ali não se ofereceu sacrifício ao Deus Verdadeiro; o nascimento do filho, a construção do templo de Salomão; a sua morte, a queda de Jerusalém; a nova cidade, Jerusalém reedificada, cuja visão deveria confortar Esdras.

5. Quinta visão (11.1—12.51). Esta é a mais terrível e complicada. Esdras vê que do mar sobe uma estranha águia com três cabeças e seis pares de asas, além de oito sobre asas. As asas se dominam mutuamente por vários períodos, até se acabarem, restando apenas três pares de pequenas asas que, pouco a pouco, se vão consumindo. A cabeça do centro domina a terra toda; no fim, desaparece. As duas restantes se devoram simultaneamente. Levanta-se um leão que, com voz de homem, brada que a águia era o quarto dos animais a quem Deus confiara a direção do mundo. Tal águia era representativa do último reino de Daniel; as asas eram reinos também. O leão não era senão o Messias do Altíssimo, separado para determinado objetivo. Depois do desenrolar dessas cenas, Uriel ordena ao vidente que registrasse essa revelação, mas não a divulgasse.

6. Sexta visão (13.1-58). O vidente contempla um homem saindo do mar; a esse se vêm juntar multidões de outros homens. O anjo diz a Esdras: o homem da visão é aquele por meio de quem Deus resgatará toda

a criação. Os seus inimigos serão extintos pela Lei, que é um verdadeiro fogo.
7. Sétima visão (14.1-50). O anjo ordena a Esdras que leve a notícia a seu povo, a fim de que este se preparasse convenientemente, pois o Poderoso vai levá-lo da terra.

1—2Macabeus

Considera-se *1Macabeus*, de autor desconhecido, o mais importante dos apócrifos. Não se sabe quando foi escrito. É quase uma fonte histórica de informação sobre a família Macabeia. Foi escrito em hebraico, mas só temos cópias em grego. O autor revela-se perito historiador, homem religioso, grande patriota e criterioso. Tem especial predileção por Judas Macabeu. O livro narra a história de como a Síria chegou a governar a Palestina durante 40 anos (175-135 a.C.), só sendo liberta quando João Hircano começou a reinar ali. Na purificação do templo discutiu-se a questão de onde ficariam as pedras do velho altar, atualmente profanadas e poluídas pelos sírios. Resolveram guardá-las até que viesse um profeta que determinasse sobre elas. O texto esclarece que a eleição de Simão para o cargo de sumo sacerdote seria interinamente, até que surgisse um profeta.

O livro de *2Macabeus* é bem diferente do primeiro. Foi escrito muito mais tarde. Conforme lemos em 2.23, esse livro é resumo de uma história mais desenvolvida, em cinco volumes. Seu autor foi Jason de Cirene e abrange um período de 15 anos do período compreendido no primeiro livro, embora sejam independentes. O prefácio de *2Macabeus* tanto tem de longo como de desconexo. O autor discute o saque ao templo por Seleuco IV e termina na vitória de Judas sobre Nicanor (160 a.C.). O livro está eivado de lendas. Encontramos nele a que diz respeito à Arca, que seria oculta numa caverna, até que os judeus voltassem do cativeiro. Encontramos nele a doutrina da intercessão pelos santos (7.28; 15.14). Aparece também a crença na oração pelos mortos, doutrina estranha ao Antigo Testamento.

Tobias

É um livro de história. Refere-se a Tobiel, pai de Tobias, da tribo de Neftalí. Segundo algumas tradições, a família de Tobiel foi levada cativa para Nínive, onde permaneceu. Tobiel entregara a um amigo em Rages, na Média, certa quantia em dinheiro. Era observador fiel e rígido de Moisés, e crente muito piedoso. No exílio, entregava-se a obras de beneficência, enterrando os cadáveres de seus patrícios, abandonados insepultos pela impiedade dos filhos de Assur. Conta-se que, certa vez, voltando de sepultar um judeu, não desejando continuar em sua casa, dormiu ao ar livre e, ao acordar, estava completamente cego. No decorrer dos anos, já velho, enviou seu filho Tobias a Rages buscar os dez talentos de prata que ali deixara. Ao longo do caminho, Tobias depara-se com um homem que também ia a Rages à procura desses dez talentos de prata. Era o anjo Rafael disfarçado. Banhando-se ambos no rio, Tobias apanha um peixe, cujo fígado, segundo ordem do anjo, deveria ser guardado e estar sempre com ele. Em Rages, Tobias recebe os dez talentos de Gabel, por cuja filha se apaixona e a quem propôs casamento. Esta, porém, tivera sete maridos, todos morrendo na noite do casamento pela maldade do demônio Asmodeu. Rafael ordenou a Tobias que, ao entrar no camarim nupcial, queimasse o fígado do peixe, cuja fumaça espaventaria Asmodeu. Feito isto, logo a felicidade lhe sorriu. De regresso, Tobias curou a cegueira de seu pai, que ainda viveu 100 anos. O próprio Tobias viveu 127 anos.

Judite

Esse livro é uma exortação. Nota-se nele grande influência farisaica. A cena desenrola-se da seguinte maneira: o rei Nabucodonosor, da Assíria [?], querendo atacar Arfaxão ou Arfaxad, rei da Média [?], pediu reforços à suas colônias, que negaram o auxílio. Holofernes, general de Nabucodonosor, é o vencedor. O espírito de vingança o levou a perseguir pequenas colônias, contando-se entre elas Israel. Holofernes cercou a cidade de Betúlia em Esdraelon; quando ia precipitar-se sobre aquele povo, Judite, uma linda viúva judia, foi ter com Holofernes. Este ficou deslumbrado diante da beleza de Judite; mandou preparar um banquete, onde se embriagou grandemente. Após as festas, retirando-se o povo, Judite ficou só, na tenda, com Holofernes. Valendo-se da embriaguez do general, Judite o degola com sua própria espada, mete-lhe a cabeça no saco de sua escrava, entra em Betúlia aos aplausos, e às aclamações do seu povo que, frenético, a recebeu.

Eclesiástico

Afirma-se que é o principal ou a fina flor dos apócrifos. No entanto, não ganhou lugar entre os livros canônicos do Antigo Testamento. Originalmente foi escrito em hebraico, num estilo dos mais apurados. Parte do original foi descoberta em 1896 e impressa no ano seguinte na imprensa da Universidade de Oxford pelo editor A. E. Cowley. Está incluído na Septuaginta com o nome de

35

Sabedoria de Jesus, filho de Sirac. Cipriano, do século III d.C., o designou *Eclesiasticus*. Os latinos o usaram. Agostinho, no seu "Speculum", coleção de versos bíblicos, destinou cerca de 15% do espaço de seu livro a passagens desse livro, que é composto de 51 capítulos. Foi escrito possivelmente no tempo do rei Fiscon, irmão de Ptolomeu VII, cerca de 180 a.c.

Seu estilo assemelha-se ao de Provérbios, sendo, em tudo, mais homogêneo. Nota-se através de suas linhas que o autor é um grande observador, homem de espírito elevado e profundamente religioso. "Como nos Provérbios", diz José Carlos Rodrigues, "o autor usa a forma curta de apotegma para incutir os resultados a que chega a sua análise".

O filho de Sirac afirma que a verdadeira sabedoria está, em forma absoluta, em Deus. Obedecer ao Senhor é revelar profunda sabedoria. *Eclesiástico* estuda as diversas relações entre os homens; dá regras e conselho a todos, como viver na pobreza ou na riqueza, enfermo ou com saúde, na mocidade ou na velhice, na presença de amigos ou de inimigos. É filosofia prática. O autor exalta e louva a Lei de Moisés; entretanto, não se exime da influência do panteísmo grego, onde deixa transparecer traços fundos dessa corrente filosófica em sua obra. Afirma-se que *Eclesiástico* exerceu alguma influência no cristianismo, principalmente na carta de Tiago.

Sabedoria de Salomão

Não se conhece o autor desse livro. Originalmente, foi escrito em grego, num estilo esmerado, supondo ter sido escrito por um sábio de Alexandria, entre 150 e 130 a.C. Deduz-se que seu autor era um fervoroso adepto da religião judaica. Seu autor conclui que a única coisa certa era o seu Deus e com ele estava a verdadeira Sabedoria, que, lado a lado com Deus, presidia a tudo. Percebe-se que o livro foi escrito para combater acentuada tendência generalizada entre seus compatriotas de se deixarem arrastar pelas caudalosas avalanches de outros credos religiosos.

O autor é de uma penetração rara quando externa sobre a imortalidade da alma humana, afirmando que o homem foi criado à imagem de Deus, "à imagem de sua eternidade". Também expõe de maneira singular o multissecular problema do sofrimento humano. Nota-se através de suas páginas que o livro é, em grande parte, um libelo terrível contra o epicurismo, cuja semente germinada produz frutos de incredulidade. O livro é precioso, ainda que haja nas suas partes coisas de pouco sabor bíblico, o que impediu sua entrada no cânon.

Acréscimos a Ester

Quem lê o livro canônico de Ester notará que o nome de Deus não aparece uma só vez. Sentindo essa falta, copistas habilidosos dentre os judeus helenistas resolveram infundir-lhe pequenos trechos sobre Deus; fizeram-no, entretanto, sem qualquer êxito, pois tais acréscimos feitos em 114 a.C. não conseguiram incorporação no texto canônico.

Acréscimos a Daniel

O texto grego de Daniel difere do original por incorporar três acréscimos engendrados, não pelos tradutores da Septuaginta, mas por copistas posteriores. Os acréscimos são: "Oração de Azarias e a ação de graças dos três rapazes na fornalha", "História de Suzana" e "Bel e o Dragão". Propositadamente deixamos de nos referir a cada uma dessas lendas, que não lograram nenhum êxito no cânon devido ao fato de judeus acharem que o livro é um amontoado de histórias imaginárias, inverídicas, que não afinam com o diapasão bíblico.

Baruque

Esse apócrifo, escrito em Babilônia no século V após a destruição de Jerusalém, é pálida imitação do grande profeta Jeremias. A tentativa do autor de Baruque foi frustrada de modo absoluto. O padre José Carlos Rodrigues afirma que o livro foi escrito em 75 ou 80 da nossa era.[8] Nesse caso, o autor referia-se não a Babilônia, mas a Roma; não ao monarca Nabucodonosor, mas a Tito, filho de Vespasiano. O livro pode ser dividido em três partes: "Liturgia", "Lei" e "Profecia".

Enoque

Trata-se de um livro apocalíptico. Dentro desse gênero, há críticos que o reputam como o principal, o mais importante. O nome refere-se ao Enoque de Gênesis 5.24, que viveu 365 anos. Surgiram muitas lendas e histórias em torno de tão ilustre personagem; algumas dentre os judeus, outras fora da Palestina. Devido ao fato de Enoque não ter provado a morte, atribuíam-lhe poderes de operar maravilhas e um conhecimento especial dos mistérios da natureza. As revelações que encontramos nesse livro foram dadas por Enoque. Esse livro é chamado *1Enoque* para

---

[8]RODRIGUES, José Carlos. *Estudo histórico e crítico sobre o Velho Testamento*, vol. 2, p. 472.

distinguir de *Segredos de Enoque*, que mais tarde foi denominado de *2Enoque*.

1Enoque perdeu-se. Há pouco mais de um século acharam fragmentos dele na Abissínia. De *2Enoque* só se conhece a versão eslavônica. Possivelmente foi escrito por diversas pessoas. O livro divide-se assim: "O apocalipse das semanas", "Fragmentos do livro de Noé", "As visões", "Livros dos lumiares celestes", "Similitudes" e "Parte final". A data mais aproximada para a produção de *Enoque* é um período que vai de 130 a 100 a.C.

A primeira parte do *1Enoque* (caps. 1—36) é uma visão em que ele implora o perdão de Deus pelos anjos decaídos, que introduziram o pecado no mundo. Deus não lho concede. Resolve girar a terra e o inferno acompanhado de anjo de luz. Na terra, descreve sete arcanjos; no inferno, ele vê os anjos decaídos, cuja prisão se estende de eternidade a eternidade. Saindo do inferno, vê sete montanhas, na mais elevada das quais está Deus no seu trono e junto à arvore da vida.

Na segunda parte, "Parábolas" ou "Similitudes" (caps. 37—71), é uma profecia contra os poderosos injustos; serão punidos pela inexorável justiça dos céus. Também nos reporta à habilitação dos justos, cujo serviço principal é adotar continuamente o Deus eterno. No topo da glória, ele vê o "Eleito", o "Filho do Homem", cuja missão é julgar. O autor alude à conversão dos gentios e à ressurreição.

Na terceira parte (caps. 72—82), o autor se prende à astronomia, que, pelas características, bem poderíamos chamá-la de "astrologia".

Na quarta parte (caps. 83—105) notam-se enormes interpretações e grande confusão. Fala, entretanto, da conversão dos gentios, da ressurreição dos justos e da aparição do Messias.

Apocalipse de Baruque

Supõe-se que o livro hoje conhecido como *Apocalipse de Baruque* foi escrito logo após a destruição de Jerusalém pelos babilônicos. É uma série de visões. Em vez de ver os babilônios destruindo a Cidade Santa, Baruque vê quatro anjos. Os gentios serão destruídos e então virá o juízo sobre todos os ímpios. Numa das visões, Baruque vê quatro reinos; quando o último estiver prestes a cair, aparecerá o Ungido, cujo reinado será "para sempre". Prosseguem as revelações sobre a natureza da nova ressurreição, a felicidade dos justos e o castigo dos ímpios. Baruque tem outra visão: a nuvem negra despejando água da mesma cor, mas depois se torna clara. A nuvem é este mundo; as águas, Israel, cuja história oscila para limpidez das águas claras, apresentando os áureos tempos do reinado do Ungido do Senhor, em cujo domínio não haverá tribulação.

O livro termina com o capítulo 87. Chegando-se a essa altura, tem-se a impressão de que a história de tais revelações deveria prosseguir. Daí a conjectura de alguns críticos de que a última parte desse livro foi perdida. Os 87 capítulos encontram-se em siríaco.

Testamento dos doze patriarcas

Esse livro foi encontrado em 1300 d.C., num manuscrito grego do século X. Nesse livro, o autor apresenta o testamento dos patriarcas, como se cada um o tivesse escrito, em que se narram seus pecados e suas virtudes. Cada patriarca prevê o futuro de sua tribo. Os críticos se dividem quanto ao tempo em que esse livro foi escrito.

Uns afirmam que foi produzido antes de Cristo; outros defendem que é produto da pena de um cristão. Por certas referências, é possível que tenha sido escrito por um cristão.

O livro dos jubileus

O "anjo da presença" concede a Moisés uma revelação divina, cujo conteúdo é a história da criação até a era mosaica, contada de 49 em 49 anos, tempo de um jubileu. A narrativa segue em linhas gerais a de Gênesis, percebendo-se a influência "midrashica". A narrativa é feita da maneira mais simples possível. Venera-se aí a Lei, principalmente a parte cerimonial. O livro foi escrito entre 160 e 135 a.C.

Conclusão

Poderíamos ter feito resumo de cada apócrifo. Entretanto, só colocamos aqui o resumo daqueles apócrifos que interessam ao escopo deste livro. O leitor poderá ler numa edição católica romana da Bíblia os sete livros apócrifos e os dois acréscimos. Se desejar ler os demais apócrifos, examine o grande comentário de Lange, em inglês, especialmente o volume sobre os apócrifos. É o mais completo que conheço sobre o assunto.[9]

A maior parte desses livros apareceu na época da helenização do mundo, isto é, no Período Interbíblico. A leitura dessa literatura, do ponto de vista histórico, é de inestimável valor para a compreensão do estudo desse período.

---

[9]LANGE, John Peter; SCHAFF, Philip. *A Commentary of the Scriptures*. New York: Charles Scribner's Sons, 1880. 25 volumes. Procure o volume "The Apocrypha of the Old Testament".

2
Antecedentes históricos: de Abraão a Malaquias

O mundo antes de Abraão

A Bíblia afirma que o vale da Mesopotâmia foi o berço da primitiva civilização. A humanidade começou às margens do Tigre e Eufrates, antes e depois do dilúvio (Gn 2; 10).[1]

Aceitamos plenamente a veracidade divina dos onze primeiros capítulos de Gênesis,[2] o que implica admitir a criação imediata do homem por Deus e o consequente monogenismo, hoje comprovado pela arqueologia, principalmente pelos trabalhos de Leonard Woolley.[3] Professamos a preservação da espécie humana por divina intervenção em Noé e sua família e na distribuição etnográfica dos 3 casais provindos de Noé: Sem, Cam e Jafé. Creio que os três filhos de Noé nunca saíram do vale da Mesopotâmia, mas seus

---

[1] Para mais informações sobre a Mesopotâmia, veja TOGNINI, Enéas. *Geografia da Terra Santa e das terras bíblicas*. São Paulo: Hagnos, 2009, capítulo 16.

[2] A tendência modernista atual é desprezar os onze primeiros capítulos de Gênesis. Esses "mestres" pensam que a matéria constante nesses maravilhosos capítulos é espúria e infantil.

[3] *Ur, la Ciudad de los Caldeos*. Mexico: Fondo de Cultura Económica, [s.d.].

descendentes sim: os de Cam foram para a África, os de Jafé para a Europa e os de Sem continuaram na Ásia. Encontramos, todavia, jafitas na Ásia e África, semitas na África e camitas na Ásia.

Houve séria disputa entre os especialistas acerca do berço da civilização: uns afirmavam que foi o vale do Nilo, enquanto outros apontavam o vale da Mesopotâmia. Hoje, entretanto, pelos trabalhos desenvolvidos por Leonard Woolley, e ampliados por outros, principalmente Samuel Noah Kramer[4] e Arno Poebel, ficou estabelecido que a "Bíblia tinha razão": a humanidade começou mesmo no vale da Mesopotâmia.

Samuel Kramer provou a existência dos sumérios no sul da Mesopotâmia entre 4500 e 4000 a.C., com traços de civilização superior e grande. A contribuição sumeriana é mais antiga do que qualquer outra de que temos notícia. Os sumerianos eram camitas, pelo menos tudo indica. Conheciam rudimentos da astronomia, dominavam partes da matemática, eram mestres da lavoura, construíram os primeiros canais de irrigação, drenaram pântanos do sul da Mesopotâmia, inventaram o carro de guerra e o arco nas construções, tinham barcos para transportar seus produtos agrícolas e erigiram seus colossais zigurates.[5] Eles adoravam o sol e a lua. Em sua obra *A história começa na Suméria*, Kramer apresenta uma linha de reis sumerianos anterior ao dilúvio: Ensagana e Hipur reinaram, mais ou menos, em 4000 a.C.; os reis da segunda dinastia, Lagal, Zaguí e Ereque, em 3500 a.C. Sabe-se hoje, com certeza, que os sumérios não eram semitas.

---

[4]*A história começa na Suméria*. Lisboa: Europa-América, [s.d.].
[5]Torres colossais, semelhantes à descrita em Gênesis 11.

Aparece no vale da Mesopotâmia, ou já existia nele, um povo meio misterioso, hoje identificado como acádio ou acadiano, que tinha muito de semita e não menos de camita. O dr. Antonio Neves de Mesquita defende que poderiam ser amorreus vindos do deserto da Arábia ou semitas que desceram do planalto da Armênia, ou ainda, de acordo com Gênesis 10.11, teriam vindo da Babilônia por causa das perseguições de Ninrode.[6]

O fato é que não sabemos de onde esse povo teria vindo. *O novo dicionário da Bíblia*[7] toma "Acade" como uma cidade fundada, juntamente com Babilônia e Ereque, por Ninrode (Gn 10.10). Seu nome semítico era Akkaadv, enquanto o sumeriano era Ágade. Inscrições mostram que uma primitiva dinastia semítica, fundada por Sargão I (cerca de 2350 a.C.) floresceu ali. Nesse tempo, Acade controlava toda a Suméria (sul da Babilônia) e seus exércitos atingiam Ela, Síria e Anatólia do Sul. Com intenso comércio e grande prosperidade a ocorrer no reinado de Sargão e seu sucessor Naram-Sin, a dinastia tornou-se símbolo de uma idade áurea. Quando mais tarde Babilônia se tornou capital, o termo "Acade" continuou sendo usado para descrever a totalidade do norte da Babilônia, até bem mais tarde no período persa.[8]

Sabemos que os acádios eram mais fortes na guerra do que os sumerianos. Os acádios venceram os sumerianos pelas armas; os sumerianos venceram os acádios

---

[6]*Povos e nações do mundo antigo*, 2ª ed. Rio de Janeiro: Casa Publicadora Batista, 1973, p. 67-68.
[7]Wiseman, D. J. "Acade". Em: Douglas, J. D. *O novo dicionário da Bíblia*. 3ª ed. rev. São Paulo: Vida Nova, 2006, p. 8.
[8]Examine também *Enciclopedia de la Biblia*. Barcelona: Garriga, 1963, vol. 1, p. 100.

pela cultura. Esses dois povos se miscigenaram e deram origem a uma terceira civilização conhecida como acádio-sumeriana. Uma parte desse povo deu origem à Caldeia, cuja capital foi Babilônia, sobre o Eufrates; a outra subiu e fundou a Assíria com a capital em Nínive sobre o Tigre.

A região da Caldeia era superdesenvolvida e sua apurada civilização influenciou o mundo conhecido de então.

Abraão: o filho ilustre de Ur dos Caldeus

Ao sul da Babilônia, nas imediações do Golfo Pérsico, ficava Ur, também chamada "Ur dos Caldeus", cidade-reino adiantadíssima, apurada civilização sumeriana.[9] Famosa por seus ídolos-deuses, suas colossais construções, seus reis notáveis, seus templos grandiosos, como o construído por Ur-Dungi em 2500 a.C. Uma lápide de mármore encontrada por Leonard Woolley nesse templo registra o primeiro rei da primeira dinastia sumeriana datado de 4000 a.C.[10]

Desde 1928 as descobertas de Woolley apresentam muitos elementos da cultura de Ur. As casas residenciais foram bem construídas tendo em vista o conforto de seus habitantes. A educação era adiantadíssima: sabiam extrair raízes quadradas e cúbicas. As famílias possuíam artigos de ouro e de prata, bem trabalhados, datando cerca de 2.000 antes do famoso Tutankamen do Egito.

Essa cidade multissecular, cuja civilização era mais apurada do mundo daqueles dias, foi berço natal do patriarca Abraão. Dessa antiga civilização, Deus chamou o homem Abraão para nele começar um povo, uma nação,

---

[9]Para mais informações sobre Ur, veja TOGNINI, Enéas. *Geografia da Terra Santa e das terras bíblicas*, capítulo 16.
[10]Veja de CARBTREE, A. R. *Arqueologia bíblica*. 2ª ed. Rio de Janeiro: Casa Publicadora Batista, 1958, p. 105-110.

uma revelação particular e nele cumprir Gênesis 3.15, que antevia a vinda de um descendente que esmagaria a cabeça da serpente: Jesus Cristo (Gl 3.16). Abraão não era, pois, um nômade, um beduíno, mas fruto de adiantadíssima civilização. Entre esse povo, ele era dos mais conceituados, pois era amigo de monarcas.

Abraão saiu dessa cidade idólatra na companhia de Terá, seu pai, de Sara, sua esposa, seu sobrinho Ló e um grande número de servos. Uma tradição siríaca diz que ao sair de Harã, Abraão foi rei em Damasco. De Ur, Abraão foi para Harã. Daqui, morrendo seu pai, Deus o chama novamente (At 7.4) e o conduz a Canaã, de onde partiu depois para Betel, Siquém e Hebrom. Deus lhe mostra toda a terra e lhe faz a promessa de posse. Por causa de uma seca, desce ao Egito e retorna a Canaã onde peregrina até a morte. Embora a Bíblia não mencione datas, a arqueologia hoje pode provar que Abraão viveu de 2100 a 1925 a.C.[11]

De Abraão a Moisés

A descendência de Abraão era a administradora das bênçãos do Senhor para todas as nações (Gn 12.2-3). Depois da morte de Abraão, Isaque, o filho da promessa, lhe sucedeu. De Isaque, a bênção continuou mediante Jacó, aquele que amava as coisas espirituais e desejava conquistar a promessa de Deus. Jacó torna-se pai de 12 homens. Por meio de um deles, José, Jacó e sua casa vão viver no Egito[12] por volta de 1870 a.C. José havia se tornado

---

[11]Sobre cronologia do patriarca Abraão e sua fundamentação nos arquivos de Mari, descobertos por André Parrot, consulte TOGNINI, Enéas. *Geografia da Terra Santa e das terras bíblicas*, capítulos 16 e 17.

[12]Para mais informações sobre o Egito, veja TOGNINI, Enéas. *Geografia da Terra Santa e das terras bíblicas*, capítulo 18.

vice-rei do Egito na época do faraó Apepi III,[13] um rei hicso. Tempos depois da morte de Jacó, de José e de seus irmãos e de toda a geração que foi viver no Egito, os descendentes de Jacó aumentaram sobremaneira nas terras egípcias. Levantou-se então o faraó Totmes III, um rei "que não havia conhecido José" (Êx 1.8). Temendo o crescimento populacional dos descendentes de Jacó (ou Israel), faraó escravizou os israelitas, que passaram a viver sob um regime de opressão. Eles foram duramente maltratados pelos egípcios.

A civilização egípcia, tão adiantada e desenvolvida para a época, exerceu, sem dúvida, grande influência na vida e no destino dos filhos de Abraão. Os egípcios escreviam e cultivavam as letras, as artes, a religião (o politeísmo dos egípcios deveria mobilizar os hebreus contra a idolatria) e a ciência.

Depois de centenas de anos de escravidão, purificados moralmente pela dor, pelo sofrimento e pela opressão, Deus enviou Moisés, um hebreu que fora criado no Egito como "filho da filha do faraó" (Hb 11.24), a fim de libertar seu povo escravizado. Eles deixaram o Egito sob a mão de Moisés nos primeiros anos de governo do faraó Amenetep II, que reinou de 1447 a 1423 a.C.[14] Moisés, o grande libertador, nasceu em 1520 e morreu em 1400 a.C.

Período da conquista

Depois da morte de Moisés, Josué, filho de Num, assume o comando e conduz os israelitas a Canaã, a Terra

---

[13]CRABTREE, A. R. *Arqueologia bíblica*, p. 132.
[14]A tendência à luz de novas descobertas arqueológicas é voltar-se a Ramsés II como o faraó da opressão.

Prometida. Esse curto período começa com a queda dos muros de Jericó em 1400 a.C., mesmo ano da morte de Moisés, e estende-se até 1360 a.C., quando morreu o celebrado filho de Num.

Período dos juízes

Com a morte de Josué, filho de Num, em 1360 a.C., começa o período dos juízes. A nação de Israel, já devidamente instalada na Terra Prometida, vive épocas de apostasia e de declínio espiritual, além de servidão aos povos vizinhos e de guerra civil. Em cada um desses momentos difíceis, Deus suscita "juízes" para libertar o povo do domínio inimigo e reconduzi-lo à sua vontade. Ao todo foram catorze juízes, dentre os quais destacamos Otniel, o primeiro juiz, Eúde, Gideão, Jefté e Sansão. O período termina com Samuel, o profeta-juiz, em 1045 a.C.

Reino unido

Devido à idade avançada de Samuel e à falta de preparo de seus filhos Joel e Abias, os israelitas pediram um rei "como o têm todas as nações" (1Sm 8.5). Saul então foi ungido por Samuel, o último juiz, o primeiro rei dos filhos de Jacó em 1025 aproximadamente. A monarquia israelita era considerada uma perfeita teocracia. Mas Saul foi rejeitado por Deus. Com isso, Samuel ungiu o novo rei escolhido por Deus: Davi (1010 a.C.). Este, como Saul, reinou 40 anos. Davi conquistou o monte Sião, onde mais tarde construiria a casa real.

Com a morte de Davi, seu filho Salomão torna-se rei de Israel, cujo reinado portentoso constituiu o maior orgulho dos judeus. De fato, o reino de Salomão foi o mais glorioso de toda a história israelita. As nações de leste a sul pagaram-lhe tributo. No aspecto religioso, os judeus foram reconhecidos como "os escolhidos do Senhor". Salomão erigiu o Templo de Jerusalém. Tudo floresceu naquela nação, até mesmo o luxo, a vaidade, a opressão, a idolatria e a rebelião ao Senhor. Infelizmente, Salomão (987 a.C.) terminou muito mal seus dias na presença do Senhor. Ele reinou aproximadamente 40 anos sobre as doze tribos de Israel.

Reino dividido

Com a morte de Salomão, seu filho Roboão assumiu a monarquia; porém, por questões de ordem administrativa, política e religiosa, o reino foi dividido em duas partes em 936 a.C.: o Reino do Norte (Israel) e o Reino do Sul (Judá).

O Reino do Norte (Israel)

Dez tribos mais a meia tribo de Benjamim rebelaram-se contra Roboão e formaram o Reino do Norte ou Israel, cuja capital passou a ser Samaria. Jeroboão, filho de Nebá, tornou-se o rei. A partir do reinado de Jeroboão e sem o Templo de Salomão, as tribos do Norte abandonaram o Senhor Deus e entregaram-se à idolatria, sempre acompanhada de imoralidade, devassidão, violência e injustiça. As consequências foram funestas: declínio moral e espiritual, pobreza e confusão.

Os esforços dos abnegados profetas do Senhor de conduzir o povo ao arrependimento foram inúteis. Cada rei que se levantou em Israel era mais ímpio e mais profano. Esse estado de corrupção fez a ira de Deus transbordar. Diante dessa avassaladora degradação, Deus enviou o Império Assírio para punir a nação rebelde, na época governada por Oséias (Is 20.1; 2Rs 17.19-23), o que aconteceu em 722 a.C. Sargão II, o tirano rei da Assíria, destruiu Samaria e dispersou os israelitas por terras estrangeiras.

Os assírios tinham um modo peculiar de tratar o povo vencido: destruíam uma raça ou a unidade de uma nação com misturas ou miscigenações sucessivas. O processo empregado por eles é descrito na Bíblia desta forma:

> ... o rei da Assíria trouxe gente da Babilônia, Cuta, Ava, Hamate e Sefarvaim, e a fez habitar nas cidades de Samaria, em lugar dos israelitas; e eles tomaram posse de Samaria e habitaram nas suas cidades (2Rs 17.24).

Eles traziam gente de diversas partes e as ajuntavam numa cidade, enquanto o povo daquela localidade era removido para outro lugar, perdendo assim sua origem, sepultando suas mais nobres tradições e perdendo o que lhes era precioso e digno. Os israelitas do Norte praticamente desapareceram por causa desse sistema. Todo o povo das dez tribos foi absorvido pelas nações orientais.[15] Foi esse povo miscigenado e estranho aos judeus que tanto dificultou os trabalhos de Esdras e Neemias. Isso explica, em parte, a rivalidade entre judeus e samaritanos, como se observa no Novo Testamento.

O Reino do Sul (Judá)

Esse reino ficou sob o domínio de Roboão, herdeiro de Salomão, abrangendo a tribo de Judá mais a meia tribo de Benjamim. A capital desse reino continuou em Jerusalém, onde estava o Templo de Salomão.

---

[15]Possivelmente algumas famílias israelitas resistiram ao longo e penoso cativeiro assírio, mantendo-se firmes às tradições de seus pais e voltaram depois a Jerusalém em 536 a.C. com a tribo de Judá.

O poderio assírio perturbou muitas vezes a paz de Judá. Porém, essa ameaça desapareceu quando as armas babilônicas destruíram o poderio dos filhos de Assur. O Império Babilônico agora passou a ser a grande preocupação de Judá. Depois da queda de Samaria, Judá, como nação, durou aproximadamente cento e poucos anos.

Assim como o povo do Norte, os habitantes do Reino do Sul também foram infiéis ao Senhor, sobretudo seus líderes políticos e religiosos. O mesmo pecado que levou os israelitas do Norte ao cativeiro também afetou Judá, e talvez de forma mais acentuada. A palavra e a exortação dos mensageiros de Deus foram desprezadas. Os profetas foram perseguidos, alguns barbaramente mortos. Como resultado desse desatino dos judeus, o Senhor mandou-lhes Nabucodonosor, que os levou cativos a Babilônia.

O cativeiro babilônico

O Antigo Testamento descreve de modo geral os acontecimentos do cativeiro babilônico. A sucessão dos fatos que culminaram no exílio encontram-se em 2Reis 24 e 25 e 2Crônicas 36. As datas são fornecidas pela história secular e não pela Bíblia.

Depois de vários avisos por meio de profetas, eles foram levados cativos em três sucessivas deportações:

1. Em 605 a.C., Jeoaquim, rei de Judá, foi amarrado com cadeias de bronze e exilado para a Babilônia. Nessa ocasião, Nabucodonosor levou alguns despojos do templo de Jerusalém (2Cr 36.6,7). Na ocasião, alguns judeus também foram deportados, como Daniel e Ezequiel, que mais tarde se tornaram célebres na história do povo de Deus.

Nabucodonosor

2. Joaquim, filho de Jeoaquim, reinou sobre Judá 3 meses e 10 dias (2Cr 36.9). Na primavera do ano (2Cr 36.10), em 597 a.C., Nabucodonosor o levou cativo para a Babilônia, bem como sua mãe, seus servos, príncipes, oficiais, artífices e valentes (2Rs 24.12-16).
3. O rei da Babilônia estabeleceu Zedequias como rei-vassalo sobre Judá. Em 11 anos de governo (2Cr 36.11), ele fez o que era mal perante o Senhor (2Cr 36.12-16). Zedequias também se rebelou contra Nabucodonosor, o que provocou o cerco a Jerusalém por 2 anos (2Rs 25.1-3). Em 586 a.C., a cidade por fim rendeu-se pela fome. O rei Zedequias e seus soldados fugiram, mas foram capturados. Seus filhos

e seus príncipes foram mortos na sua presença. Como castigo, seus olhos foram vazados e ele foi arrastado a Babilônia com a nação de Judá. Nebuzaradã, ministro da guerra de Babilônia, destruiu Jerusalém por completo, com muros e casas, incendiou o templo, levou como despojo seus tesouros, e conduziu seus habitantes, em massa, para o cativeiro na Babilônia.

Entretanto, a desolação de Jerusalém não significa que a terra de Judá ficou desabitada. Eis o que informa o profeta Jeremias: "Mas Nebuzaradã, capitão da guarda, deixou ficar na terra de Judá somente alguns pobres dentre o povo, que nada possuíam. E deu-lhes vinhas e campos" (Jr 39.10). Além disso, os pobres e refugiados de Judá também receberam do monarca da Babilônia um rei: Gedalias (Jr 40). O monarca também ordenou que Jeremias ficasse em Judá (Jr 40.6). Certamente, houve nisso um propósito divino. Ao contemplar as ruínas de Jerusalém, o profeta escreveu "Lamentações".

Esses fatos deixam claro que a terra de Judá não ficou totalmente desolada durante os 50 ou 70 anos de cativeiro babilônico. Josefo afirma: "O país (Judá) ficou deserto por 70 anos". Deserto, sim, de profetas, de atalaias de Deus, de pregoeiros da verdade, mas não de pessoas e acontecimentos.

O dr. John Richard Sampey (1863-1946) descreve o cativeiro babilônico nestes termos:

> Foi doloroso para os judeus serem arrebanhados por um povo invasor; para uma longa e humilhante jornada de sua terra-pátria num país estrangeiro. Quando afinal o

Templo foi incendiado e o reino de Judá totalmente destruído, muitos deveriam ter pensado que o Senhor não fosse poderoso como os deuses da Babilônia. Alguns abandonaram sua fé religiosa, para se tornarem iguais aos gentios. Outros deram ouvidos aos falsos profetas, que predisseram: o Senhor dentro de breves dias restaurará o seu povo no seu próprio país.[16]

Judá estava fora de sua casa agora, no amargo exílio, longe de sua amada Jerusalém. Em Babilônia, país estrangeiro, tudo é diferente: novos costumes, nova língua, novas influências. O povo sofria terrivelmente.

Apesar da conquista esmagadora, os babilônicos eram diferentes dos assírios na sua política de lidar com os povos dominados. Eles levavam todos os cativos para sua metrópole, onde viviam agrupados em bairros, com liberdade de cultuar o seu Deus e praticar todos os seus costumes, ou seja, eles levaram consigo e preservavam suas tradições históricas. Ezequiel e Jeremias deixam claro que os caldeus não oprimiam tanto os exilados como faziam os assírios. O cativeiro babilônico seria muito mais brando do que o egípcio.

Os judeus continuaram a praticar alguns serviços religiosos. Mesmo com limitações, ainda tinham sacerdotes. Eles guardavam o sábado, circuncidavam, jejuavam, obedeciam a Moisés. Liam as Escrituras, oravam na sinagoga e cultuavam a Deus ao modo judeu (quando Sadraque, Mesaque e Abede-Nego — companheiros de Daniel — foram lançados na fornalha devido à recusa de

---

[16]SAMPEY, J. R. *O coração do Velho Testamento*. Rio de Janeiro: Casa Publicadora Batista, p. 228-229.

adorar uma imagem, não se tratava de perseguição religiosa, mas de intriga política). Além disso, os judeus preservaram com muito cuidado as genealogias sacerdotais e reais provindas de Arão e Davi. Essa preservação ajudaria na identificação do Messias da Promessa, pois ele nasceria da tribo de Davi.

Durante o exílio, alguns profetas escreveram visões e mensagens. Muitos salmos foram escritos, nos quais os autores deixaram transparecer a tristeza por estarem longe de Jerusalém.

A política babilônica também ajudou os judeus de outra forma. Antes do exílio, eles se ocupavam quase exclusivamente de lavoura e pecuária. Os anos de cativeiro converteram-nos em hábeis comerciantes. Muitos enriqueceram (em contraste, os que permaneceram em Judá viviam em extrema pobreza). Os judeus ajudaram a construir edifícios, outros trabalharam em paz nos seus próprios lares. Possuíam casas (Ez 3.24; 33.30). Outros ainda deram-se à agricultura, bem como a outras atividades. Alguns deles, como o profeta Daniel, chegaram a ser pessoas de alto conceito no Império, pois prestavam serviços diretamente ao rei. Quando os medo-persas conquistaram Babilônia e concederam liberdade aos judeus de retornarem à sua pátria, muitos deles rejeitaram a proposta, pois tinham indústria, comércio, propriedades e riquezas que não lhes permitiam voltar à terra natal. Ficaram em Babilônia, outros foram para o Egito etc. Esses são os judeus da Diáspora ou Dispersão.

Finalidade do exílio

A Bíblia afirma que o cativeiro babilônico veio ao povo judeu como consequência imediata do pecado.

Desde Moisés o povo era instruído a obedecer ao Senhor. A permanência na Terra Prometida dependia diretamente de sua fidelidade a Deus. O mandamento era claro: "Não terás outros deuses além de mim" (Êx 20.3). A ordem mais recomendada pelo grande legislador era a "obediência". Josué, sucessor de Moisés, também advertiu os israelitas a não servirem aos deuses dos cananeus. Se fossem fiéis em observar a Lei, as bênçãos seriam numerosas, mas se não a observassem, sofreriam consequências desastrosas. Esse aviso foi reiterado muitas vezes ao povo. Eis o que Deus declarou a Salomão na dedicação do templo de Jerusalém:

> Mas, se vós e vossos filhos vos desviardes de algum modo e não me seguirdes, nem guardardes os meus mandamentos e os meus estatutos que vos tenho proposto, mas decidirdes cultuar e adorar outros deuses, então exterminarei Israel da terra que lhe dei e lançarei longe da minha presença este templo que santifiquei para meu nome; e Israel será motivo de zombaria entre todos os povos. Todo aquele que passar por este templo tão exaltado ficará admirado e zombará, dizendo: Por que o Senhor fez assim a esta terra e a este templo? E lhe responderão: Eles abandonaram o Senhor seu Deus, que tirou seus pais da terra do Egito, e se apegaram a deuses estranhos, os adoraram e os cultuaram; por isso o Senhor trouxe sobre eles todo este mal (1Rs 9.6-9).

Os profetas proferiram mensagens idênticas e advertiram ao povo para que se abstivessem da idolatria, fugissem da injustiça e que andassem com inteireza de coração nos retos caminhos do Senhor. Deus lhe mandou repetidas admoestações: fome, praga, peste, seca etc. A finalidade era converter os israelitas dos maus caminhos. Mas eles não se arrependeram. Ao contrário, na sua presunção entregaram-se a toda sorte de idolatria, injustiças e maldades; desprezaram o Senhor e sua palavra; perseguiram os profetas e encheram de sangue a terra. Agarraram-se ao templo e entregaram-se a uma religiosidade exterior e vazia. Em decorrência dessas atitudes iníquas, veio o terrível "Dia do Senhor", um tempo de julgamento e purificação. De acordo com Claudius Lamar McGinty, Deus visava a duas coisas em relação ao seu povo: "punição e educação".[17] Nesse sentido, Nabucodonosor foi um instrumento do Senhor para corrigir a idolatria dos judeus. McGinty prossegue:

> Israel deveria ser purificado pelo isolamento. A liberdade espiritual conquistada pela servidão política; a nação sacerdotal ser consagrada pelo sofrimento. Deste processo, deste peneiramento, bem como os desajustes espirituais; estabelecer-se-ia um novo ideal de fé e santidade e a preparação para a tarefa que aguardava o "restante santo", de cujo seio sairia o Salvador do mundo.[18]

Mesmo que os exilados judeus não tivessem sido duramente maltratados na Babilônia como na escravidão egípcia do tempo de Moisés, cativeiro sempre é cativeiro. Lá, eles aprenderam uma grande lição. A nostalgia dominava o coração da pobre gente. Lembraram-se da sua terra, de sua Jerusalém, de seu templo, do sepulcro de seus antepassados e de suas gloriosas tradições de

---

[17]McGinty, C. L. *From Babylon to Bethlehem*. Nashville, Tennessee: S.S.B. of the Southern Baptist Convention.
[18]McGinty, C. L. *From Babylon to Bethlehem*, p. 52.

liberdade. Daí nasceu o sofrimento e, com este, o desânimo e a profunda tristeza. Foram à Caldeia por causa da idolatria, e na metrópole dos deuses afligiam-se por causa dos ídolos. Na distância e na solidão lembraram-se do "Não terás outros deuses diante de mim". A lembrança os levou ao reconhecimento de que só o Senhor é Deus, e esse reconhecimento os conduziu a deplorar os ídolos e a voltar-se com fidelidade ao Senhor.

A finalidade principal do exílio babilônico, portanto, foi "punir" e "educar" o povo de Deus, reintegrá-lo no caminho do Senhor e prepará-lo para o advento do Messias. Embora uma minoria de judeus tenha ingressado no paganismo à época do exílio na Babilônia, o restante se manteve firme em Deus e às tradições do seu povo e voltou para Jerusalém com fé inabalável no Deus de Jacó.

Profetas do exílio

Dos três ofícios da teocracia israelita — profeta, sacerdote e rei —, apenas a voz da profecia sobreviveu. A responsabilidade da liderança recaiu sobre o profeta. Os fenômenos, graças à providência divina, são recíprocos: para grandes necessidades, grandes homens são levantados. Eles transmitiram ao povo mensagens de consolação e esperança. Os profetas animaram e fortaleceram os exilados! No escuro céu da Babilônia começaram a brilhar Ezequiel, Daniel, Jeremias, Isaías, entre outros.

Ezequiel

Levado para a Babilônia em 605 a.C., ele foi comissionado por Deus para o ministério profético entre 593 a.C. Seu ministério anterior à queda de Jerusalém é cheio de visões e admoestações ao povo, para ver se conseguia evitar a catástrofe que ameaçava pôr a perder a sua pátria. Posteriormente, quando o templo em Jerusalém não mais existia, o profeta anuncia a restauração de Israel e um futuro feliz para a nação (caps. 33 a 38). Ezequiel é chamado o profeta da esperança, pois anuncia que a graça de Deus operará a restauração do seu povo (cap. 37). Deus promete fazer com eles um concerto de paz e de pôr o seu santuário no meio deles para sempre (veja 37.25-26). Assim, das orlas do Quedar, sai a voz de conforto e esperança que ecoa no coração de todos os exilados judeus.

Daniel

Esse sábio servo do Senhor esteve em evidência na corte babilônica. Chegou à elevadíssima posição de vice-rei. Por meio dele, o Senhor revelava sua providência sobre Babilônia e seu rei. Além de sábio estadista, Daniel foi um grande administrador, conselheiro do rei e orientador dos negócios da corte. Ele também confortou o seu povo.

Jeremias

Depois de exortar os israelitas ao arrependimento antes da queda de Jerusalém, ele dedica parte do livro a confortar os cativos da Babilônia, além de lhes dar bons conselhos (29.5-14). Suas palavras são esperançosas, pois o povo saberia quanto tempo duraria o exílio: 70 anos. No fim desse período, Deus voltaria sua atenção ao seu povo e lhe daria a glória de outrora. Mudaria sua tristeza em alegria.

Isaías

A segunda parte de Isaías (caps. 40—66) é escrita para edificar os abatidos de coração que se achavam no cativeiro. O Senhor é o verdadeiro Deus. Sua promessa a

Maquete de Jerusalém

Abraão é real, tendo sido reiterada à posteridade do patriarca. A esperança messiânica renasce. Os ídolos que até então os atormentam não passavam de mera vaidade humana. O cativeiro era de caráter provisório. Logo viria o "Senhor Sofredor" e carregaria no seu corpo as enfermidades de todos, curando-os "por suas pisaduras".

A contribuição profética desses homens de Deus para conservar a esperança dos desterrados foi imensa. Suas mensagens, gloriosas e vivas, animaram o povo. Esse ânimo fez que mantivessem sua fé naquele que tudo pode. Essa fé foi o fundamento das futuras realizações de Deus, não só para os judeus, mas para toda a humanidade.

A função profética durante o exílio foi decisiva na vida dos judeus. Os profetas do cativeiro são os sustentáculos de todo o edifício do povo de Deus.

Do retorno e da restauração até Malaquias

O Reino de Judá começou a ser deportado para a Babilônia em 605 a.C. De acordo com Jeremias 25.11, a deportação deveria durar 70 anos, no fim dos quais os judeus voltariam à sua pátria. Essa profecia começou a se cumprir quando um novo império entrou em cena: o Medo-Persa.

O profeta Jeremias havia profetizado a tomada, a destruição e a desolação da orgulhosa Babilônia (Jr 50—51). O profeta Daniel também proclamou o fim da Caldeia: "Dividido foi o teu reino e dado aos medos e aos persas" (Dn 5.28). Assim, diante da palavra do Senhor, Babilônia, governada na época por Nabonido e Belsazar, foi destruída em 538 a.C. sob o comando de Ciro, o persa. O grande guerreiro tomou a cidade, deixou ali Dario, o medo, e prosseguiu nas suas arrojadas conquistas. Poucos anos depois, em 535 a.C., os judeus tiveram permissão de retornar a Jerusalém. Foi o fim do cativeiro de 70 anos.

Felizmente, o método dos babilônicos de manter as tradições do povo conquistado ajudou os judeus nesse retorno, pois eles puderam prosseguir com sua trajetória histórica.

Vários líderes e profetas foram levantados para auxiliar os judeus a restaurar Jerusalém e ajudá-los a seguir e honrar a lei de Deus. Esdras e Neemias estão entre esses líderes. Entre os profetas destacam-se Ageu, Zacarias e, por último, Malaquias, que inspirou o povo a não se descuidar novamente de sua vida religiosa e a aguardar o "Dia do Senhor".

Depois de Malaquias, começou o silêncio profético de 400 anos, que só viria a ser interrompido com a pregação de João Batista. Nesse período, os judeus continuaram sob o domínio dos persas, depois vieram os gregos, incluindo os ptolomeus e os selêucidas (quando ocorre a Revolta dos Macabeus) e, por último, os romanos, em cuja vigência nasce o Senhor Jesus.

Vamos acompanhar essas trajetórias separadamente.

3
Período Persa

Com o fim do Império Babilônico, o Império Persa assume o papel de superpotência.

Quando a dinastia meda foi fundada por Ciaxiares, a Pérsia era uma de suas humildes colônias. O ambicioso Cambises, filho de Aquêmenes, fundador da Pérsia, casou-se com a filha de Astíages, da Média, esperando com isso ampliar seus territórios, multiplicar seus tesouros e aumentar o seu poder. Embora ele não tenha conseguido isso, seu filho realizou o que o pai não conseguiu. Estamos falando de Ciro II, o Grande, rei da Pérsia de 559 a 530 a.C., que incorporou a Média aos seus domínios, além de conquistar a Lídia, a Síria, a Babilônia ou Caldeia, entre outras nações.

Ciro, o Grande, era um gênio notável, além de um guerreiro magnânimo e justo. Ele vivia para lutar, lutava para conquistar e conquistava para libertar. Ele foi, sem dúvida, um célebre libertador. E o mais notável: Deus havia predito por intermédio do profeta Isaías alguns feitos de Ciro.

> Sou eu que confirmo a palavra do meu servo e cumpro a previsão dos meus mensageiros; que digo de Jerusalém:

> Ela será habitada; e das cidades de Judá: Elas serão edificadas, e eu levantarei as suas ruínas; [...] que digo acerca de Ciro: Ele é meu pastor e cumprirá tudo o que me agrada; ele dirá sobre Jerusalém: Ela será edificada, e o fundamento do templo será lançado (Is 44.26,28).

> Assim diz o SENHOR a Ciro, seu ungido, a quem tomo pela mão direita, para abater nações e desarmar reis; para abrir diante dele as portas, para que não sejam trancadas (Is 45.1).

Quando Ciro entrou na Babilônia, deve ter sido informado pelos judeus dessas profecias. Seja como for, o rei persa libertou os filhos de Israel, não apenas os cativos da Babilônia, mas de outras regiões. Ciro firmara um propósito no coração: não tirar nenhum povo de sua terra. Estava no seu plano de realizações libertar todos os cativos. Assim, Ciro proclamou um decreto nestes termos: os judeus que livre e espontaneamente desejassem voltar à sua pátria poderiam contar com as garantias do rei (veja 2Cr 36.22-23; Ed 1.1-4).

Atendendo ao decreto, Zorobabel, da linhagem real, e Josué, da linhagem sacerdotal, voltaram chefiando a primeira leva de 50.000 judeus, que levaram vasos e outras provisões. O remanescente ou "restante" de Israel (Is 10.20) voltava agora para sua pátria cantando: "Ó, Jerusalém, que a minha mão direita se atrofie, se eu me esquecer de ti. Que minha língua se prenda ao céu da boca, se não me lembrar de ti, seu eu não preferir Jerusalém à minha maior alegria" (Sl 137.5-6).

Chegando a Jerusalém, edificaram um altar, e o culto ao Senhor foi restabelecido. Eles lançaram os alicerces do templo. Embora voltassem a habitar sua antiga terra, tiveram de lutar contra filisteus, edomitas, moabitas, amonitas, mongólicos samaritanos e outros, que se haviam estabelecido no país.

A ascensão de Ciro significa, portanto, o cumprimento da vontade de Deus, a libertação do "restante" de Judá, a restauração da cidade de Jerusalém, do templo e do culto e dos sacrifícios do Senhor.

Outros sucessores de Ciro também fizeram história em sua relação com o povo de Deus, dentre os quais destacamos Xerxes e Artaxerxes.

1. Xerxes ou Assuero (486-465) casou-se com a jovem e bela judia Ester. Esse casamento providencial ajudou os judeus a não serem mortos em massa devido ao plano homicida de Hamã, homem de grande posição política no reinado de Xerxes. Com a ajuda de Mardoqueu, primo de Ester, o perverso plano de Hamã foi descoberto. A rainha Ester conseguiu do rei a promulgação de um decreto, válido em todas as regiões do Império, que permitia aos judeus se armar e se defender dos que quisessem matá-los. Esses dias em que puderam se livrar de seus inimigos foi chamado de "Purim" (do persa *pur* = "sorte").[1] Os judeus até hoje comemoram a festa do Purim (leia o livro de Ester).
2. Artaxerxes (465-425), cognominado "Longimanus" por sua excessiva bondade, era filho do monarca Xerxes. A *Enciclopédia e dicionário internacional* descreve o caráter de Longimanus da seguinte forma:

---

[1] DAVIS, John. *Novo dicionário da Bíblia*. Ed. ampl. e atual. São Paulo: Hagnos, 2005, p. 1.020. Verbete "Purim".

"... foi célebre pela sua bondade e generosidade; permitiu aos judeus que tinham ficado em Babilônia, depois do edito de Ciro, que voltassem a Jerusalém para restabelecer sua religião".

Os judeus sob o domínio persa

Dedicação do templo em Jerusalém

Muitos anos se haviam passado desde que Zorobabel e Jesua (ou Josué) reconduziram os cativos a Sião e que os alicerces do templo foram lançados. As dificuldades eram quase insuperáveis: lutas, inimigos e outras coisas mais embargavam os passos dos judeus na reconstrução de Jerusalém e do templo do Senhor.

Mais ou menos em 520 a.C., Deus enviou os profetas Ageu e Zacarias para exortar o povo a fazer tudo pela reconstrução do templo. Desse modo, animaram os judeus, que, alegres, prosseguiram nessa santa obra.

Surgiu outra dificuldade, segundo Esdras 5 e 6. Certo Tatenai (governador do território além do rio Eufrates), Setar-Bozenai e seus companheiros foram a Zorobabel e insolentemente perguntaram-lhe: "Quem vos deu ordem para construir este templo e concluir estes muros?". Tatenai então escreveu carta a Dario Histaspis acusando os judeus de construções irregulares. Histaspis ordenou que se consultassem os arquivos, o que foi feito, dando ganho de causa aos judeus. Dario então mandou que Tatenai, Setar-Bozenai e seus companheiros deixassem os judeus sossegados; além disso, decretou que as despesas da construção do templo fossem pagas por recursos do tesouro real e também presenteou os judeus com animais para sacrifícios, azeite, trigo etc.

Por fim, em 516 a.C., para a alegria geral dos judeus, a Casa do Senhor foi edificada.

A dispersão judaica

Uma das finalidades do cativeiro babilônico foi dispersar os judeus. Por sua vez, nos propósitos de Deus, isto visava a preparar o mundo para o advento do Evangelho. Quando Ciro e, mais tarde, seus sucessores proclamaram liberdade aos judeus, muitos voltaram para Jerusalém, mas outros preferiram ficar na pátria adotiva. Encontramos desse modo judeus em muitos pontos do mundo, mas os núcleos principais estavam na Babilônia e no Egito.

Na Babilônia

Durante o tempo em que estiveram sob o domínio babilônico, alguns judeus desfrutaram de grande influência na corte, e isso continuou sob o domínio persa. Daniel, por exemplo, era conselheiro do rei. Isto garantiu conforto, bem-estar e supremacia aos judeus.

Podemos ver muitos aspectos da vida judaica na Babilônia durante a ocupação persa. Por exemplo, o número de judeus espalhados em vários núcleos pelo vasto Império Persa era enorme. Sua influência era respeitável. Por exemplo, veja o caso de Neemias, que era copeiro do rei Artaxerxes em Susã. Falar a um rei persa era algo raro, como se lê em Ester; mas o próprio rei, certo dia, dirigiu-se a Neemias ao vê-lo triste (Ne 2.1-2). Neemias, portanto, era considerado e prestigiado. Concluímos disso que os judeus desfrutavam de completa liberdade sob os medo-persas. Apesar disso, também eram odiados e invejados pelos persas e por outros povos subjugados pelo Império, como confirma o livro de Ester.

No Egito

Já vimos que um grande número de judeus deixados em Judá por Nebuzaradã foi ao Egito contra a vontade do Senhor Deus. É possível que esse número tenha crescido muito. Encontramos depois Jeremias e Ezequiel apelando a esses judeus egípcios.

Mais tarde, sob o domínio de Alexandre, o Grande, vê-se uma numerosa comunidade judaica em Alexandria, e quase todos eram de outras regiões do Egito, dos grandes centros judaicos como Migdol, Tanpanhes, Menfis ou Nof e Elefantine. A arqueologia, principalmente as escavações em Elefantine, tem mostrado preciosidades e provado que ali outrora foi sede de uma respeitável colônia judaica, cujos filhos vieram a se miscigenar com egípcios, gregos e fenícios. Apesar dessa mistura, eles permaneciam fiéis ao Senhor, erigindo-lhe até um templo no qual celebravam a Páscoa.

Líderes: Esdras e Neemias

Depois de Zorobabel, uma leva de milhares de judeus retornou a Jerusalém com Esdras em 458 a.C. e com Neemias em 445 a.C.

O escriba Esdras era doutor da Lei e versado em Moisés. Ele conhecia muito bem a condição moral dos judeus. Na Babilônia, os descendentes de Abraão aprenderam a violência, o crime, a imoralidade. Uma vez em Jerusalém, os filhos de Jacó continuaram na prática de pecados, como divórcio, usura, infidelidade a Deus. Esdras se afligia com essa lamentável condição do povo. Então, resolveu deixar Babilônia e partir para Jerusalém com o propósito de ensinar ao povo o caminho do Senhor. Chegou a Jerusalém mais ou menos em 458 a.C. Ele restaurou o culto santo, proibiu o divórcio, o casamento com estrangeiros e obrigou o povo a seguir as palavras de Deus a Moisés (leia o livro de Esdras).

Neemias, homem de fé e de coragem, foi restaurador, construtor e governador. Conduziu de Babilônia a Jerusalém o terceiro grupo de judeus. Ele conseguiu erguer os muros de Jerusalém e dar assim à cidade de Davi sua primitiva segurança. (Para mais esclarecimentos, aconselhamos a leitura do livro de Neemias).

O que os judeus aprenderam

Claudius Lamar McGinty enumerou as conquistas de Deus sobre o seu povo com o exílio:[2]

Idolatria destruída

Abraão, o pai dos hebreus, foi tirado de Ur, cidade onde, segundo a tradição, era idólatra. Depois ele foi viver entre os cananeus, igualmente idólatras e imorais. Sua descendência viveu entre ídolos, indo viver mais tarde no Egito, a sede da idolatria, e ali permaneceu por mais de quatro séculos.

Por intermédio de Moisés, o Senhor Deus ordenou a seu povo Israel:

> Não terás outros deuses diante de mim. Não farás para ti imagem esculpida, nem figura alguma do que há em cima no céu, nem embaixo na terra, ou nas águas debaixo da terra. Não te curvarás diante delas, nem as cultuarás, pois eu, o Senhor teu Deus, sou Deus zeloso... (Êx 20.3-5a).

---

[2]McGinty, Claudius Lamar. *From Babylon to Bethlehem*. Nashville, Ten.: Sunday School Board, 1929, p. 58.

Esse mandamento objetivava evitar que os israelitas caíssem no pecado da idolatria e daí se corrompessem na imoralidade. Em Deuteronômio 6.4, Deus diz expressamente: "Ouve, ó Israel: o SENHOR nosso Deus é o único SENHOR". Temos aí o sólido e indestrutível alicerce do monoteísmo e da unidade de Deus, que é o alicerce do Antigo Testamento.

As últimas palavras de Moisés pediam ao povo que se mantivesse fiel à Palavra do Senhor. As derradeiras palavras de Josué apelavam aos israelitas que observassem a Lei de Moisés. Josué morreu e o povo se esqueceu de Deus e cultuou deuses estranhos (Jz 2.6-23). No período dos juízes, a idolatria se intensificou entre os israelitas. Samuel expulsou os ídolos e levou o povo a adorar o Senhor. Mas os reis Salomão, Roboão, Jeroboão e seus sucessores foram idólatras e não se afastaram dos ídolos, com exceção de alguns reis de Judá.

O cativeiro assírio acabou com a idolatria das dez tribos do Norte. O cativeiro babilônico curou para sempre os judeus do pecado da idolatria. Prova disso é a narrativa sobre os três companheiros de Daniel, que preferiram o fogo a dobrar seus joelhos ao deus de Nabucodonosor. Mais tarde encontramos o heroísmo macabeu, suas lutas e seu sofrimento por não quererem profanar as coisas santas do Senhor. Além disso, o judeu Paulo afirmou: "o ídolo [...] não é nada" (1Co 8.4). Até hoje o judeu faz tudo, menos dobrar seus joelhos a um ídolo.

Exclusivismo judaico

O exclusivismo judaico desenvolveu-se durante o cativeiro, mas suas raízes perdem-se nos primórdios da raça, talvez com Abraão.

O judeu julgava-se superior aos demais povos. Seu Deus era deles de forma exclusiva, bem como sua religião com festas, sacrifícios etc. Permitiam aos seus serviços espirituais apenas prosélitos circuncidados, mas com privilégios limitados.

Esse exclusivismo degenerou em orgulho, que pode ser considerado prejuízo e bênção. Os judeus se consideravam limpos; os demais povos eram imundos.

A tendência exclusivista foi se generalizando, e assim encontramos as bárbaras rivalidades entre judeus e samaritanos. Samaritano é o resultado da miscigenação entre os remanescentes de Samaria com camitas que se inocularam na terra quando a Assíria destruiu as dez tribos do Norte em 722 a.C.

Esdras e Neemias intensificaram grandemente essas animosidades, pois os samaritanos procuraram embargar os esforços dos judeus na reconstrução do templo e nas edificações do muros de Jerusalém (Ed 4.17-24; Ne 4.7-11).

As desavenças entre judeus e samaritanos foram se acentuando e culminaram nos dias de Jesus, que fez tudo para derrubar esse muro de separação (Jo 4; Lc 10; Ef 2).

Claudius McGinty atribui o cisma samaritano a três causas: rivalidade comercial, preconceitos raciais e preconceitos religiosos.[3] Mas ninguém fornece informações mais precisas do que Flávio Josefo:

> Dario nomeara Sambalate sátrapa de Samaria. Uma das filhas do sátrapa casou-se com Manassés, irmão do Sumo Sacerdote de Jerusalém. Indignados por isso as

---

[3] McGinty, Claudius Lamar. *From Babylon to Bethlehem*, p. 61.

autoridades eclesiásticas pediram-lhe que se divorciasse dela e, Manassés, pensando que tinha ensejo de suceder àquele lugar disse a Sambalate que por muito que amava a mulher, não podia sacrificar seu futuro conservando-se nesse consórcio. Sambalate respondeu-lhe que construiria um belo templo em Samaria e o faria seu Sumo Sacerdote. O templo foi construído no Monte Gerizim. Manassés emigrou para Samaria e com ele muitos sacerdotes e levitas, desgostosos com a exclusão dos casamentos mistos e outras exigências tão severas de Neemias. De modo que, tendo este consolidado o judaísmo, causou ao mesmo tempo o Cisma Samaritano. Manassés que, está visto, mantinha relações íntimas com o Sumo Sacerdote de Jerusalém, pôde levar consigo uma cópia da "Lei de Moisés", recentemente promulgada, que foi logo recopiada na língua samaritana. E até hoje esta seita guarda como sagrado o Pentateuco e apenas esta primeira coleção bíblica, à qual nunca acrescentaram mais nada, tendo excluído os profetas por causa da proeminência que em geral dão a Judá em confronto com Israel.[4]

Esse pernicioso cisma perdurou muitos séculos. Jesus acabou com ele, "havendo feito a paz pelo sangue da sua cruz" (Cl 1.20).

A observância e o respeito à *Lei de Moisés*

O exílio babilônico serviu para os judeus como um termômetro que lhes indicou o quanto estavam longe da Lei do Todo-poderoso. Como escravos na Babilônia, os filhos de Jacó tiveram tempo necessário para considerar como foram rebeldes para com o Senhor Deus. Nessa

---

[4] Josefo, Flávio. *Antiguidades*, XI, 8, 1.

reflexão, o coração dos israelitas voltou-se espontaneamente para a Lei do Senhor. Queriam obedecer ao Senhor em tudo. Assim, a Lei teve um lugar todo especial no coração e na vida dos israelitas. Esdras foi alguém que observou rigorosamente a Lei. Ele "tinha se disposto no coração a estudar a Lei do Senhor e a praticá-la, e a ensinar em Israel os seus estatutos e normas" (Ed 7.10). Desde Esdras, a Lei tornou-se padrão de bom viver, de amor e piedade.

Começa nesse tempo o movimento que ficou conhecido com o nome de *escribismo*, que buscou reconduzir o povo à Lei de Moisés. A palavra "escriba" aparece diversas vezes no Antigo Testamento. No período de silêncio profético, a Lei alcança seu cunho oficial.

As profecias de Jeremias, Ezequiel, Isaías e outras foram ganhando terreno entre o povo. Na Babilônia, longe de Jerusalém, os judeus começaram a amar a Lei e os profetas. Havia poucas cópias das Escrituras. No princípio, os sacerdotes eram copistas; depois surgiu um grupo de leigos consagrados que começaram a copiar a Lei. Escrevendo-a, foram se familiarizando com ela e tornaram-se intérpretes da Lei. Eram também designados "doutores da Lei" e constituíam um partido ao lado dos fariseus (Mt 23).

Quando os exilados foram repatriados, nota-se separação profunda entre "escribas" e "sacerdotes". Em Jerusalém, Esdras e Neemias ficaram preocupados com a questão sacerdotal que o cisma samaritano causou.

A linha de separação entre escribas e sacerdotes se acentua de maneira espantosa e reflete depois nos dois judaísmos: o de Jerusalém e o helênico. Temos nisso também o fundamento das futuras rivalidades entre fariseus e saduceus.

Outro resultado que se prende ao respeito à Lei de Moisés é a questão do sumo sacerdote. Durante o exílio, o sacerdotismo sofreu radicais transformações. No tempo de Moisés, era uma questão puramente religiosa, espiritual. Agora, após o exílio, trata-se de algo inteiramente político.

Os persas com Ciro, Assuero e outros foram protetores dos judeus e deram-lhes liberdade de culto, mas surge Ocus ou Artaxerxes III para reivindicar os direitos conspurcados dos persas. Ele oprimiu seus inimigos e perseguiu também os judeus. Do atrito entre Ocus e seus inimigos delineou-se a nova condição dos sumo sacerdotes.

Os judeus foram massacrados por Ocus, que pessoalmente detestava os descendentes de Davi. Bagose, um dos três chefes militares de Ocus, prometeu a Josué, irmão do sumo sacerdote Joanã (Ne 12.2-23) a investidura desse cargo e Josué matou seu irmão no templo de Jerusalém. Os persas profanaram o templo, mataram muitos judeus, destruíram a cidade de Jericó e baniram milhares de judeus para as terras perto do mar Cáspio.

Defrontamos aqui com a decadência da religião sacerdotal em Jerusalém. Os judeus, pelos motivos expostos, tornaram-se mais exclusivistas. Eis o que afirma José Carlos Rodrigues:

> O Sumo Sacerdote adquiriu, nessas circunstâncias, uma grande influência na comunidade. Até aqui o Templo era como uma capela dos reis de Judá e o principal sacerdote, o capelão-mór deles. Agora o Sumo Sacerdote adquiria extraordinário prestígio como chefe religioso e também político: os seus lugares ficaram sendo vitalícios e hereditários.[5]

---

[5]RODRIGUES, José Carlos. *Estudo histórico e crítico sobre o Velho Testamento*, vol. 2, p. 321.

O lugar do sumo sacerdote transformou-se numa poderosa arma política e reservado aos protegidos dos dominadores. O sacerdotismo cai intensamente e o escribismo sobe e ocupa posição de destaque e é recebido pelo povo como força espiritual.

O culto público

Sabemos que o culto público sempre foi vital na vida do povo de Deus. Apesar de ser constantemente alterado pelas diversas circunstâncias que os israelitas atravessavam, o culto sempre foi mantido e respeitado. Muitas vezes combatido, mas sempre vitorioso. Consideremos o culto público sob três aspectos:

1. Antes do exílio. Os israelitas tinham seu modo de adorar a Deus, como se vê nos patriarcas. No Egito, o povo possivelmente adorava a Deus no templo de Serabite. Com Moisés, o povo passou a outro ritualismo quanto ao culto público, como lemos em Levítico. Construíram o tabernáculo, tinham sacerdotes e sumo sacerdote. Com a construção do templo de Salomão, surgem novas alterações na parte externa do culto, quer dizer, do ritualismo, mas a adoração permanece a mesma. Os profetas recordavam sempre ao povo a necessidade de adorarem só a Deus. Apesar do pecado que levou o povo a afastar-se de Deus, encontramos um grupo de fiéis adoradores do Senhor. Quando Nabuzaradã destruiu o templo, os judeus eram fiéis em seus serviços religiosos, e o único lugar de adoração era Jerusalém.
2. Durante o exílio. Devido ao respeito dos babilônios para com os cultos estrangeiros, os judeus podiam

adorar livremente o Senhor. No primeiro período do cativeiro, o povo de Deus era dirigido pelas palavras de Ezequiel e Isaías. O escribismo se desenvolveu e tomou vulto. Os escritos de Moisés e dos profetas eram lidos constantemente. Longe da pátria, saudosos, os judeus tomaram em seu coração a decisão de obedecer à Lei do Senhor. Essa obediência levou--os à adoração, e esta ao culto público, pois assim prescrevia a Lei.

Além de inúmeras que observavam, os judeus levavam em conta religiosamente estas duas: a circuncisão e o sábado. Eles introduziram em seu ritualismo o banho purificador e quatro dias especiais de jejum (Zc 7.5; 8.19), além da comemoração de certos eventos. Eles liam a Palavra de Deus, oravam e faziam breves comentários sobre o conteúdo sagrado.

3. Depois do exílio. Nem todos os judeus voltaram para sua pátria com o edito de Ciro. Muitos continuaram na Babilônia; outros se valeram da oportunidade para se transferir dali para outros pontos do mundo. Esse fenômeno chama-se "dispersão". Impelidos a prestar culto ao Senhor, os judeus começaram em cada cidade a se reunir em casa de uma família e liam ali o Antigo Testamento, oravam, adoravam o Senhor, cantavam salmos e, no final, ouviam um comentário da Lei. Surge então a "sinagoga". Em Atos 15.21, lemos a respeito da generalização da sinagoga: "Porque, desde tempos antigos, em cada cidade, Moisés tem homens que o preguem, e é lido a cada sábado nas sinagogas". Onde quer que exista um núcleo de judeus, ali há uma sinagoga. O

apóstolo Paulo propagou o evangelho de Cristo pelas sinagogas. Foi outra providência nas mãos de Deus a fim de preparar o mundo para a vinda de Jesus.

Revitalização da esperança messiânica

A esperança messiânica é matéria que permeia todo o Antigo Testamento. Baseia-se na promessa de Deus em Gênesis 3.15. Deus escolhe Abraão e lhe diz: "... todas as famílias da terra serão abençoadas por meio de ti" (Gn 12.3). Ele repetiu a promessa a Isaque e a Jacó, que a profetizou também acerca de Judá (Gn 49.8-12). Deus fez novo pacto com Davi, baseado na promessa feita a Abraão.

A esperança messiânica rejuvenescia nos períodos de crise espiritual e de derrotas dos judeus. Quando Israel estava em graves pecados, Isaías, Miqueias e outros profetas falaram do Messias. No cativeiro babilônico, Isaías, Ezequiel, Daniel falaram dele. Nas guerras macabeias, o Messias era esperado. No tempo de Jesus, o povo esperava o Messias (temporal) que libertaria os judeus do jugo romano.

Israel é o povo eleito de Jeová. Os profetas falaram muito sobre esse assunto. O povo se convenceu dessa verdade.

O Messias era concebido pelo povo de modo particular em cada época e de acordo com as circunstâncias vigentes. Por certo, Eva julgou ser Sete o Messias. Igualmente Léia e Raquel pensaram o mesmo acerca de algum de seus filhos. Nos períodos de paz, o Messias era um rei glorioso. Nos períodos de opressão, era o libertador; e foi desse modo que Isaías o apresentou aos cativos de Sião. Alguns dos judeus julgaram ser Ciro o Messias. Nas guerras macabeias, nos últimos anos do Período Interbíblico e nos dias do Novo Testamento até o ano 70 d.C., o messias era esperado como o libertador, o redentor de Israel. Hoje, os judeus o esperam como *restaurador*.[6]

Influências doutrinárias

De modo geral podemos afirmar que os caldeus e os persas não exerceram influência sobre as doutrinas dos judeus. O que está na Bíblia é incomparavelmente superior a todas as religiões somadas.

Além da superioridade qualitativa das doutrinas do Antigo Testamento, temos a intrepidez de Ezequiel, Daniel e seus companheiros, que foram palavras vivas a exortar o povo à fidelidade do Senhor.

O monoteísmo em nada foi alterado, nem as demais doutrinas fundamentais dos judeus sofreram qualquer modificação. O que se observa é o desenvolvimento de certas doutrinas, porque a revelação é progressiva.

Os judeus saíram ilesos do cativeiro em questões doutrinárias. No meio dos ídolos foram curados da idolatria; no meio do paganismo acentuaram suas crenças e tradições sobre os gentios; no meio da infidelidade se mantiveram fiéis ao Senhor; no meio da imoralidade se conservaram puros a Deus. Em vez de degenerá-los, a capital dos ídolos curou-os completamente, onde se tornaram mais fiéis e mais obedientes ao Senhor.

Costumes modificados

Os judeus, com certeza, modificaram um pouco seus costumes. As condições locais influem sobremaneira nos costumes de um povo. Porém, as condições ambientais

---

[6]Para mais esclarecimentos, veja CRABTREE, A. R. *A esperança messiânica*.

exerceram pouca influência sobre os judeus, pois eles moravam num bairro separados dos demais.

No princípio, entraram em atrito com os babilônicos em questão de costumes, como no caso de Daniel e seus companheiros que receberam ordem do rei para comerem de suas iguarias e beberem vinho.

Aos poucos, os judeus foram cedendo e se ajustaram mais ou menos, em algumas coisas, aos costumes babilônicos e persas.

A família, em sua estrutura, não foi alterada. A alimentação e outras coisas mais foram modificadas. A educação religiosa continuou, graças aos esforços do escribismo. O sistema de habitação e de vestir sofreu reparos, mas, no geral, os costumes, os usos e as tradições judaicos foram mantidos pelos filhos de Israel em todo o mundo.

Uma nova língua

Os judeus na Babilônia perderam o belo hebraico. Joseph Angus, em *História, doutrina e interpretação da Bíblia*, assenta como língua básica a "cananeia". Dela saíram dialetos como o hebraico e aramaico (a língua de Arã e a mais popular falada na Mesopotâmia, Ásia Setentrional, Síria e extensa porção da Arábia Pétrea). Quando a Assíria dominou o Oriente, o aramaico generalizou-se. Samaria foi subjugada pelos assírios em 722 a.C. e passou a falar o aramaico. Jerusalém sentiu logo essa influência e seu hebraico não era mais puro como nos dias de Moisés.

Quando Judá foi para o cativeiro, seu hebraico fora profundamente alterado na linguagem do povo. Na Babilônia, os judeus desprezaram o hebraico e falaram o aramaico, que era de origem semítica. Hoje não sabemos a pronúncia de diversas palavras hebraicas do Antigo Testamento pelo fato de os judeus terem abandonado a língua de Moisés. Algumas partes do Antigo Testamento como Esdras 4.8-6.18; 7.12-26 e Daniel 2.4-7.28 foram escritas em aramaico.

Os judeus se esqueceram de tal maneira da sua língua que Esdras, ao ler para eles a Lei em hebraico, em Jerusalém, precisou interpretar-lhes em aramaico (Ne 8).

Daí em diante, os judeus prosseguiram falando o aramaico, que foi a língua de Jesus e dos apóstolos.

4
Período Grego

Os medos-persas foram conquistados por Alexandre, o Grande, da Macedônia. Chamamos de "Período Grego" ou "Greco-macedônio" o tempo da dominação macedônica no mundo. Entende-se das primeiras conquistas de Filipe, pai de Alexandre, o Grande, até as Guerras Macabeias (333 a 167 a.C.). Os judeus agora estavam sob novo domínio.

Grécia e Macedônia

A Grécia antiga era dividida em duas partes gerais: ao norte a Hélade, com capital em Atenas, e ao sul o Peloponeso, ligado ao continente pelo istmo de Corinto, com capital em Esparta. Atenas e Esparta eram, portanto, os pilares políticos da Grécia. Mas a rivalidade entre elas as enfraqueceu, o que abriu caminho para a supremacia de Tebas, que conquistou Atenas e Esparta. Entretanto, com a morte de seus poderosos generais — Pelópidas e Epaminondas —, Tebas foi condenada ao ostracismo.

Surge no cenário a Macedônia, um pequeno Estado independente ao lado da Grécia. Os macedônios viviam separados dos gregos, e alguns historiadores afirmam que eram de raça diferente. Quando Atenas, Esparta e Tebas, sucessivamente, estavam no apogeu, a Macedônia não passava de uma simples colônia de escravos, onde reinava a confusão, a anarquia, a indolência, por conseguinte a fraqueza e a miséria. Mas Filipe, um perito em arte militar e diplomacia, educado em Tebas, dominou a situação, sufocou as anarquias e organizou um poderoso exército, com o qual alcançou importantes conquistas, incluindo a Grécia, seu alvo principal, em 338 a.C., na Batalha de Queroneia.

Com a morte de Filipe aos 47 anos de idade, seu filho Alexandre Magno ou "o Grande" assumiu o governo do Império Macedônio aos 20 anos. Alexandre fora educado aos pés de Aristóteles e ajudava o pai nos planos bélicos. Admirador apaixonado de Homero, ele sonhava com glórias e conquistas. Seu gênio militar fez dele um homem temido e respeitado.

Alexandre e os judeus

Claudius Lamar McGinty (*From Babylon to Bethlehem*) e William Smith (*Entre los dos Testamentos*) admitem a veracidade do relato de Flávio Josefo em *Antiguidade dos judeus* 11.8,3. De acordo com o antigo historiador, após a captura de Tiro, Alexandre enviou mensageiros a Jerusalém ordenando a submissão dos judeus e exigindo subsistência para seu exército. Judá, o sumo sacerdote, manda-lhe resposta incisiva e franca: "Já me comprometi com Dario não combatê-lo. Portanto, não transgredirei meu compromisso, enquanto viver Dario".

Alexandre ficou furioso. Marchou então contra Jerusalém. Os judeus dizem que Deus falou ao sumo sacerdote em sonhos para que abrisse as portas da cidade, adornasse-a bem, mandasse o povo se vestir de branco e sair em procissão com os sacerdotes paramentados e ele, sumo sacerdote, com suas vestes especiais e mitra na cabeça. Quando Alexandre entrava na cidade, ficou profundamente impressionado com a cena e abaixou sua cabeça em sinal de adoração. Interpelado por seus soldados como fazia aquilo, respondeu: "O que vejo é o cumprimento de uma visão que tive na Macedônia".

Acabou de entrar na cidade e foi oferecer sacrifício ao Senhor. Confirmou todos os privilégios que os judeus obtiveram dos persas, principalmente a isenção de impostos durante o ano sabático. Os samaritanos pediram a Alexandre os mesmos privilégios, porém o macedônio indeferiu o pedido. (Atribui-se essa negação categórica do monarca a uma insurreição na Samaria na qual assassinaram o governador macedônico Andrómaco. Para vingar-se, Alexandre destruiu Samaria).

William Smith usa Daniel 7 e 8 para mostrar que aquelas profecias se referiam a Alexandre.[1] Aí está uma tradição a que Josefo empresta sua autoridade. "Verdadeira ou não", diz Smith, "apresenta-nos um aspecto do caráter de Alexandre...".[2]

O século de Alexandre

Ário, interpretando a vida de Alexandre, afirmou: "Alexandre era diferente de todos os homens, foi dado ao mundo, por especial desígnio da Providência".[3]

---

[1] SMITH, William. *Entre los dos Testamentos*, p. 11.
[2] SMITH, William. *Entre los dos Testamentos*, p. 11.
[3] Citado em SMITH, William. *Entre los dos Testamentos*, p. 14.

Dizem que Aristóteles, quando Alexandre aprendia sentado aos seus pés, aconselhou-o um dia que tratasse os gregos como homens livres e os orientais como escravos. O discípulo respondeu: "Minha missão é *divina* e consiste em 'unir' e 'reconciliar' o mundo".

Alexandre continuou a obra grandiosa de seu pai. Fez época, a qual podemos chamar de "O século de Alexandre". No curto reinado de 13 ou 14 anos, ele lançou as bases de uma nova civilização, contribuiu grandemente para o bem da humanidade e de um modo especial para o advento de Jesus.

Convencido de sua missão, Alexandre, adotou a política de expansionismo. Ao lado de sua ambição de conquistas, de poder, somos obrigados a reconhecer que ele levou a cultura e as artes gregas aos vencidos, obrigando-os, por esse meio, a aprenderem o grego, língua em que os monumentos filosóficos, científicos, históricos e literários estavam escritos.

Alexandre era um jovem talentoso e preparado, com elevados ideais de liberdade. Ele olhava além das fronteiras de um país. Ele queria alcançar o mundo. Com esse propósito, ligou as raças, abriu ao comércio novas vias de comunicação, canalizou suas conquistas para o progresso da ciência, e a ciência para o bem do homem. Sua maior ambição era espalhar por todo mundo a civilização e a língua gregas. Para a realização desse seu sonho, fundou 70 colônias ou cidades, sendo a principal delas Alexandria no Egito, que se tornou um grande centro humanista ou de cultura do passado. Todas essas cidades eram centro de helenismo. O mundo todo, dentro de poucos anos, foi helenizado.

Alexandre não impôs a cultura grega pelas armas. Foi uma invasão pacífica. Os povos tinham sede de saber; os gregos lhes traziam cultura, mas em sua língua; para saber o conteúdo daqueles manuscritos eles eram obrigados a aprender a língua grega, o que faziam espontaneamente.

Poucos anos depois da morte de Alexandre os povos falavam duas línguas: a sua e a grega. A cultura e a língua gregas deram ao mundo certa uniformidade e facilitaram o intercâmbio entre os povos; mais tarde foi uma bênção para a pregação do Evangelho, pois um missionário podia pregar uma só língua e ser entendido por todos.

Esse é "O século de Alexandre", a obra permanente e humanitária do grande conquistador, o invicto macedônio.

Os sucessores de Alexandre e os judeus

O macedônio não deixou sucessor direto (o irmão era despreparado; o filho tinha poucos anos de idade). Depois de muitas guerras entre seus generais, o império foi assim dividido: o Egito coube a Ptolomeu; a Síria a Seleuco; a Macedônia a Cassandro; e a Trácia a Lisímaco.

A história dos judeus esteve associada, sobretudo, aos ptolomeus (do Egito) e aos selêucidas (da Síria). Havia constantes lutas entre essas duas nações, e a Palestina sofria graves consequências, pois era considerada parte da Síria.

Os ptolomeus

Ptolomeu I ou Sóter

Por um subterfúgio, em 320 a.C., ele tomou para si a terra dos judeus, que estava sob domínio da Síria. (Acreditamos que isso fosse plano divino, pois o governo dos ptolomeus foi brando, enquanto o dos selêucidas foi absolutista e cruel).

Ptolomeu I, vendo que seu rival Seleuco tinha os olhos voltados para a Palestina, e sabendo que esta, pelo beneplácito de Alexandre, fora deixada livre, constituindo dessa maneira presa desejada e cobiçada, resolveu tomá-la. Preparou seu exército e, inesperadamente, apareceu na Palestina, num sábado, e tomou Jerusalém sem resistência. Apossou-se do país e o guardou muito bem, temendo uma invasão selêucida. Estendeu um convite aos judeus para emigrarem para o Egito; vendo a magnanimidade do monarca, eles resolveram transladar-se, alegando que as terras egípcias eram mais férteis.

O monarca deu um bairro aos judeus em Alexandria e permitiu-lhes ter um governo próprio.

Ptolomeu II ou Filadelfo

Reinou de 285 a.C. a 247 a.C. Como seu cognome expressa, ele foi bom para os judeus ("Filadelfo" significa "Amigo do irmão"). Continuou a política de seu pai.

Os judeus continuaram a emigrar para o Egito, durante os 39 anos de seu reinado.

Filadelfo não foi guerreiro. Doente, de temperamento calmo, apreciava a vida literária. Organizou uma biblioteca e um museu, os maiores daqueles tempos. Ele reuniu as mais raras e preciosas obras do mundo. Intelectuais e artistas de todas as partes recorriam aos seus tesouros escritos. "Alexandria", diz José Carlos Rodrigues,[4] "tornou-se um cadinho de fusão entre as ideias hebraicas e gregas".

---

[4] RODRIGUES, J. C. *Estudo histórico e crítico do Velho Testamento*, vol. 2, p. 385.

A Septuaginta, a primeira tradução do Antigo Testamento para a língua grega, apareceu nesse período.⁵ Acredita-se que tenha começado em Alexandria e que foi concluída em excelente grego em 250 a.C.

Ptolomeu II sustentou duas guerras contra Antíoco II da Síria, que pretendia tomar-lhe a Palestina.

Ptolomeu III ou Evergetes

Evergetes era filho de Filadelfo. Sucedeu a seu pai em 247 a.C., e reinou até 222 a.C. Foi o maior dos ptolomeus. Quando passou por Jerusalém, visitou o templo e nomeou um sobrinho do sumo sacerdote Onias II para cobrar impostos da Palestina. A política de Ptolomeu III foi muito favorável aos judeus.

Ptolomeu IV ou Filopator

Filopator reinou em lugar do pai de 222 a.C. a 205 a.C. No quinto ano de seu governo, foi obrigado a guerrear contra Antíoco, o Grande, da Síria, que lhe tomara a Palestina. Os sírios, depois de encarniçada luta, foram

---

⁵ Há duas tradições inverossímeis sobre o surgimento da Septuaginta. A primeira, narrada por Josefo, afirma que Filadelfo tinha um bibliotecário cujo desejo era pôr em Alexandria todos os livros do mundo. Possivelmente esse bibliotecário fosse judeu-helenista. Ele desejava ler o Antigo Testamento, mas não conhecia o hebraico. Disse então a Ptolomeu II da vantagem de se traduzir o livro dos judeus para o grego. Filadelfo concordou e mandou pedir ao sumo sacerdote Eleazar que lhe mandasse 6 homens de cada uma das 12 tribos de Israel, homens versados em leis, que pudessem realizar o seu sonho. Os sábios judeus foram para Alexandria e, em 72 dias, terminaram a tradução. Outra tradição afirma que 70 sábios judeus em Alexandria empreenderam a tradução do Antigo Testamento. Cada um isoladamente se fechou numa cela e fez a tradução. Depois de 70 dias foram conferir o trabalho, e não havia discordância nem nos mínimos pormenores. O rei os louvou e os gratificou.

derrotados em Ráfia. Filopator, valendo-se do ensejo de estar em Jerusalém, quis entrar no templo. Os judeus em coro começaram a gritar e a protestar contra esse abuso. Ele desistiu de entrar no templo, mas começou a odiar os judeus.

Ptolomeu V ou Epífanes

Antíoco III invadiu novamente a Palestina durante o reinado de Ptolomeu V. Scopas, seu general, maltratou os judeus. Por isso, com a derrota egípcia, os judeus receberam Antíoco como um libertador.

Os selêucidas

"Selêucida" é a designação dada aos reis sírios, sucessores de Seleuco. José Carlos Rodrigues refere-se a esses reis, no geral, como "inúteis e cruéis".[6]

A parte da dominação selêucida na Palestina que nos interessa principalmente é a relacionada com os reinados de Antíoco III (sucessor de Antíoco I e Antíoco II ou "Theos" = deus) e Antíoco IV, também conhecido como Epífanes. Essa parte da história nos ajuda a entender com precisão o próximo período: o macabeu. Os selêucidas começaram a reinar na Judeia em 198 a.C.

Antíoco III

Também chamado de "o Grande", Antíoco III tomou a Palestina das mãos de Ptolomeu V. Quando Antíoco, o Grande, entrou em Jerusalém foi recebido como libertador. Ele presenteou os judeus com uma verba para sacrifícios. Sua permanência na Palestina tinha como propósito a invasão

---

[6] RODRIGUES, J. C. *Estudo histórico e crítico do Velho Testamento*, vol. 2, p. 388.

do Egito. Entretanto, Roma o avisou de que não fizesse tal coisa. Então, em vez de invadir o Egito, Antíoco resolveu dar sua filha Cleópatra em casamento a Ptolomeu V, prometendo-lhe como dote a Celesíria, a Fenícia e a Palestina. Desse modo, ele passaria Jerusalém para o controle africano. Com isso, Antíoco contrariou os planos dos romanos e foi derrotado por eles na Batalha de Magnésia em 190 a.C.

Antíoco IV ou Epífanes

Com a morte de Antíoco III, seu filho Seleuco IV assumiu o reinado. Este decidiu trazer prontamente de Roma seu irmão Antíoco, que lá estava como refém por 14 anos, permutando-o por seu próprio filho Demétrio. Mas enquanto Antíoco estava em Atenas, Seleuco IV foi assassinado. Antíoco então pediu soldados e recursos ao rei de Pérgamo e apossou-se do reino da Síria. Começou a reinar com o nome de Antíoco IV ou Epífanes, em 175 a.C. Governou 11 anos, até sua morte em 164 a.C.

Antíoco Epífanes foi um grande perseguidor dos judeus. Ele aprendeu com os romanos a arte terrível da impiedade, da perseguição e da intolerância. No trono da Síria, praticou os maiores desatinos e foi uma crueldade sem par. Deram-lhe o nome de Epífanes, o Louco. O seu atroz governo gera a Revolta dos Macabeus. (Trataremos das monstruosidades de Antíoco Epífanes no capítulo 5, na seção "Período macabeu", p. 87s).

Os judeus sob o domínio grego

Privilégios

Os judeus também desfrutaram de privilégios especiais sob o domínio grego: liberdade de culto, certa liberdade política, subvenções para o sustento do culto e muitas outras coisas. Isso lhes deu certa consciência de soberania e garantiu-lhes uma unidade quase perfeita, poucas vezes quebrada por pretensiosos que ambicionavam e disputavam o sumo sacerdócio. Dessa unidade, veio-lhes a têmpera, a resistência, heroicamente demonstrada nas Guerras Macabeias.

Idioma

A língua grega foi implantada na Palestina nas dominações dos ptolomeus e dos selêucidas.

Poder

Quanto ao poder, este ficou concentrado nas mãos do sumo sacerdote, razão por que o lugar fora largamente disputado. Flávio Josefo apresenta-nos a lista dos sumos sacerdotes nesta cronologia: Judua, Onias I, Simão, o Justo, Eleazar, Manasés, Onias II, Simão II e Onias III (contemporâneo de Antíoco Epífanes).

Territorialmente, verificamos o seguinte na Palestina: os cativos de Babilônia localizaram-se em Jerusalém, daí foram se estendendo por Judá. No tempo de Antíoco Epífanes, a Palestina compreendia um território menor que o antigo Judá.

5
Período Macabeu

O nome desse período está associado a Judas Macabeu, líder dos Macabeus.[1] No entanto, o nome da família, segundo o historiador Flávio Josefo, era Hasmon, do qual deriva o nome "hasmoniano" ou "asmoniano". Hasmon ou Chasmon foi bisavô de Matatias, pai de Judas Macabeu.

Esse período abrange 104 anos (167-63 a.C.). É caracterizado por lutas, perseguições, sacrifícios e, por último, por um longo período de independência e paz.

O surgimento desse período foi motivado pela nefasta dominação síria (Período Grego), sob o reinado de Antíoco IV, o Epífanes.

---

[1] Esse termo talvez derive da palavra hebraica *maqqébet* (Jz 4.21) ou da aramaica *maqqaba* ("martelo"). "Esta versão parece que se deve às derrotas infligidas por Judas e seus sucessores a seus inimigos" (*Enciclopedia de la Biblia*, vol 4, p. 1.132). Há outra explicação de origem rabínico-cabalística, segundo a qual as consoantes MKHBJ significam "Quem, Senhor, dentre os deuses, é semelhante a ti?" (Êx 15.11), ou então: "Quem é como meu pai?". Outra versão possível seria a da palavra *Maqqebay*, contração da *Maqqabyahu*, nome dado a Deus, talvez de Isaías 62.2.

Causas remotas

O governo da Judeia, aos poucos, foi se fortalecendo nas mãos do sumo sacerdote. Isso levou o sumo sacerdócio judaico a um declínio espiritual, pois deixou de ser um poder espiritual e divino para tornar-se uma força política. Em consequência disso, a posição de "sumo sacerdote" começou a ser disputada. Nem o que a Lei de Moisés dizia a respeito nem a questão genealógica eram levados em conta. O poder temporal era a única coisa que realmente importava naquele momento.

Enquanto a dinastia ptolomaica dominava a Judeia, a selêucida não perdera jamais a esperança de um dia possuir a Terra Santa. De um lado a dinastia ptolomaica exercia influência sobre os judeus; de outro, os selêucidas procuravam, com promessas e dinheiro, ganhar-lhes a simpatia. Em resultado dessa disputa, surgiram dois partidos predominantes na Judeia: o judeu (representado por Onias III) e o grego (representado por Simão e Jason).

Com o advento de Antíoco Epífanes, o partido grego triunfa na Judeia, o que causou certo descontentamento ao partido da maioria, o judeu.

Quando Antíoco IV estava no apogeu de seu reinado, Onias III, do partido da Judeia, era sumo sacerdote em Jerusalém. Acusado de crimes pelo rei da Celesíria e por Simão, figura destacada no partido grego da Judeia, Onias III foi a Antioquia e se defendeu perante Epífanes das acusações.

O partido grego da Judeia também contava com Josué, irmão de Onias III. Josué era helenista convicto; até seu nome foi helenizado para Jason. Ajudou a acusar o próprio irmão. O partido grego pagou considerável soma de dinheiro e Jason se tornou o sumo sacerdote; Onias foi destituído. A principal preocupação de Jason foi helenizar a Palestina. Ele construiu ginásios, onde crianças e jovens praticavam os exercícios gregos. Ele também quase acabou com a circuncisão. Enviou representantes aos jogos de Hércules, com presentes aos deuses pagãos.

Três anos mais tarde, Jason enviou Menelau a Antioquia com o tributo para Antíoco. Avistando-se com o rei sírio, Menelau lisonjeou-lhe a vaidade e conseguiu o sumo sacerdócio. Regressou a Jerusalém feroz como um leão. Jason refugiou-se entre os amonitas. Não conseguindo levantar o dinheiro que prometera a Antíoco, Menelau fora chamado a Antioquia. Antes de ir, vendeu aos sírios alguns vasos do templo de Jerusalém, cuidando com isso subornar Andrônico, o que governava em Antioquia na ausência de Epífanes. Onias III estava em Antioquia nesse tempo e acusou Menelau de sacrilégio. Onias refugiou-se na gruta sagrada de Dafnes. Andrônico tirou-o do santuário e barbaramente o matou. Antíoco, movido de compaixão pela pureza de caráter de Onias, ordenou que matassem Andrônico e Menelau, que conseguiram fugir.

Causas recentes

Enquanto os judeus disputavam o sumo sacerdócio, Antíoco Epífanes ganhava terreno e se preparava para escravizar o povo do Senhor.

Cleópatra, irmã de Epífanes, é assassinada no Egito. O orgulhoso rei sírio prepara seus exércitos para enfrentar Ptolomeu VI em sucessivas batalhas. Depois de duas ou três batalhas, o embaixador romano Pompílio Laenas ordenou energicamente a Antíoco que cessasse o ataque ao Egito e entregou-lhe um decreto do Senado intimando-o a desistir desse intento. Temendo os romanos, Antíoco desistiu de seus planos, mas guardou seu ódio a fim de vingar-se mais tarde nos pequeninos e fracos judeus.

Na Síria e na Judeia passou a circular um boato de que Antíoco havia morrido na segunda batalha contra o Egito. Foi motivo de alegria principalmente para os judeus. Andrônico e Menelau, odiados pelos judeus, valeram-se desse boato e perseguiram os habitantes de Jerusalém.

Jason entrou em Jerusalém com mil homens. Menelau refugiou-se na cidadela. Jason praticou toda a sorte de crueldade contra os judeus. Fugiu depois para o Egito e chegou até Esparta, morrendo finalmente em terra estrangeira.

Antíoco, ao ouvir as notícias desses acontecimentos, pensou tratar-se de uma rebelião na Judeia. Supõe-se que Menelau tenha exercido influencia sobre os ânimos do rei para combater os judeus. Com esse plano, Menelau se livraria de seus inimigos. Antíoco, como relâmpago, parte para Jerusalém. Ataca-a, toma-a por assalto. Mata velhos, jovens, mulheres, crianças, num total superior a 40 mil pessoas. No seu desespero, ainda reúne milhares de judeus e os leva ao cativeiro.

Não satisfeito com seus crimes e suas atrocidades, entra no templo de Jerusalém, profana-o. Manda matar um porco sobre o altar. A carne do animal é assada e os judeus, sob lanças e espadas, obrigados a comerem. Os excrementos do suíno, com seu sangue, numa espécie de caldo, foram borrifados por todo o templo.

Ele ainda despojou o templo de seus vasos e outros utensílios de ouro destinados ao serviço sagrado. Calcula-se em 1.800 talentos o tesouro que Antíoco levou de Jerusalém para Antioquia.

Deixou Filipe, natural da Frígia, como governador da Judeia. Ele era cruel, violento e selvagem. (A sorte de

Samaria foi a mesma: o templo de Gerizim também foi profanado. Andrônico, o traidor, governou Samaria).

Os judeus permaneceram 2 longos anos nessa humilhação, nesse estado de escravidão, desprezo e abandono.

Dois anos após dessas atrocidades, Antíoco recrudesce a perseguição contra os judeus. Apolônio, o tradicional inimigo dos judeus, é enviado por Antíoco à Judeia, à frente de 22 mil homens. Entrou em Jerusalém, parece-nos numa terça-feira, e esperou o sábado, quando os judeus nada faziam. Fingiu-se amigo do povo e propalou que sua missão era de paz. No entanto, seus homens tinham ordens terminantes de matar todos os judeus, principalmente os do sexo masculino.

O sábado almejado chegou. Os judeus procuraram seus lugares de adoração e entregaram-se ao exercício de seu culto. Descansaram finalmente, conforme o preceito da Lei de Moisés. Aproveitando a fraqueza dos judeus e conhecendo-lhes a fidelidade à Lei do Senhor, Apolônio e seus soldados lançaram-se sobre os indefesos judeus e os chacinaram. A matança foi monstruosa. O sangue correu aos jorros. Espanto e calamidade foram vistos na desolada cidade, que foi saqueada. O instinto feroz de Apolônio foi mais longe ainda: ele incendiou Jerusalém. Suas fortalezas foram destruídas. Apolônio fortificou-se no monte Sião e dominou a cidade, incluindo o templo.

Satisfeito com a crueldade de Apolônio, Antíoco decretou a uniformidade do culto em todos os termos de seus domínios. Foi golpe duro demais para os tradicionais judeus. Só havia duas opções: submeter-se à ordem ou morrer.

O responsável pelo cumprimento do grande edito, em Samaria e Judeia, foi Ateneu, um "Saulo" do paganismo.

Antíoco, sendo apaixonado helenista, impôs o paganismo grego a ferro e fogo em seus domínios. (Percebe-se, portanto, que o helenismo era também intolerante.) Os samaritanos aceitaram passivamente as proposições do cruel Antíoco. Ateneu transformou o templo de Gerizim num templo dedicado a Zeus Xenius. O templo de Jerusalém seria dedicado a Zeus Olímpico. Willian Smith descreveu de forma bem expressiva a profanação do templo de Jerusalém:

> Os pátios foram profanados com as mais licenciosas orgias; o altar foi coberto de abomináveis ofertas, a velha idolatria de Baal foi restaurada no seu obsceno aspecto, tal como fora levada à Grécia: as fálicas bacanais de Dionísio. Os exemplares do livro da Lei foram destruídos ou profanados com pinturas pagãs e obscenas. A prática dos ritos judaicos e a negativa de sacrifícios aos deuses gregos foram castigadas com a pena de morte.[2]

Conta-se que duas pobres mulheres só por terem circuncidado seus filhinhos foram presas e conduzidas com seus filhos por toda a cidade e, por fim, impiedosamente atiradas do muro.

Alguns que se refugiaram nas covas para guardar o sábado foram queimados por Filipe.

A prova mais dura e cruel a que se podia submeter um judeu era fazê-lo comer carne de porco. Eleazar, chefe escriba, nonagenário, foi obrigado a comer carne de porco, mas não quis comer. Meteram-lhe à força na boca, ele a

---

[2] SMITH, William. *Entre los dos Testamentos*, p. 24.

cuspiu toda. Voluntariamente entregou-se ao martírio. Diante da obstinação do velho, os carrascos redobraram as crueldades. Quando expirava, pronunciou estas palavras de fé: "Está manifesto ao Senhor, aquele que tem o santo conhecimento, que podendo livrar-me da morte, suporto as agudíssimas dores do meu corpo golpeado, porém na alma, estou muito contente por sofrer estas coisas, só porque temo o Senhor".

Conta-se também que uma mãe e sete filhos recusaram a comer carne de porco. Por esse crime foram levados à presença do rei, que os mandou espancar a todos. Entregaram-se ao martírio confiantes no Senhor.

Se fôssemos narrar todos os crimes de Antíoco, teríamos assunto para milhares de páginas. Muitos judeus se acomodaram às circunstâncias, voltaram suas costas a Deus e inclinaram-se ao culto pagão; no entanto, na sua maioria, os judeus permaneceram fiéis ao Senhor; foram ao sacrifício, ao martírio, mas sempre com sua fé brilhando mais.

É lamentável ouvir palavras preconceituosas como estas do historiador romano Públio Cornélio Tácito:

> Durante o domínio sírio, medo e persa, os judeus foram os mais abjetos dos súditos. Depois de terem os macedônios alcançado a supremacia do Oriente, o rei Antíoco esforçou-se por tirar-lhes a superstição e introduzir os costumes gregos, entretanto, a guerra com os partos impediu-lhe reformasse esse repulsivo povo.[3]

---

[3]Tácito era pagão e seus conhecimentos dos fatos eram parciais. Juiz precipitado e com poucos escrúpulos. Fez no passado o que hoje inimigos dos judeus fazem com a causa justa e necessária do "sionismo".

Diante desse tétrico quadro, nessas circunstâncias, nessa escravidão, que deveriam fazer os judeus? Defender-se. Foi exatamente o que fizeram.

Guerras Macabeias

O iníquo Apolônio governa a Judeia com mão de ferro. Extravasa sobre os pobres e indefesos judeus o ódio de Antíoco Epífanes, seu amo. Com razão Epífanes foi chamado "o Louco".

Ateneu, uma espécie de inquisidor-mór, um tipo de Tomás de Torquemada, é o fanático perseguidor que impõe, a ferro e fogo, os ídolos pagãos sírios. É implacável. Não perdoa a ninguém. Persegue, prende, açoita, mata, tudo em nome da religião. Seus emissários vão por todos os termos da Judeia buscando os "hereges", como Saulo de Tarso mais tarde andará à cata de cristãos.

Jerusalém está reduzida a escombros, e sua população dizimada. Milhares de seus ilustres filhos tombaram ante a fúria, o desvario, o desatino de Epífanes. O povo judeu ficou reduzido e humilhado. Os poucos jerusalemitas que conseguiram sobreviver à catástrofe do "sírio louco" fugiram para os pequenos arraiais da Judeia e esconderam-se nas cavernas e nos montes.

A maior glória, a coisa mais sagrada dos judeus, o templo, construído por Esdras e Neemias, fora agora profanado, da maneira mais vil para um filho de Abraão: a introdução de um porco no santuário. Os judeus prefeririam a morte a verem tamanha transgressão.

O amor que os israelitas devotavam à religião e à tradição de seus antepassados era muito grande e mais forte do que muitos exércitos sírios somados. Esse amor, muitas vezes recalcado pela intolerância e impiedade dos sírios, se tornaria um patriotismo brilhante, capaz de acudir o jugo profano e iníquo de Epífanes e devolver à Palestina sua independência política e religiosa.

Esse patriotismo, no entanto, dormia latente no peito de cada judeu sincero. Todos os judeus sentiam a mesma coisa: lutar para ser livre; ou morrer sob o domínio tirânico de seus perversos dominadores. Em meio àquele silêncio que coagia os filhos de Israel faltava apenas um "grito", uma voz de comando, como outrora de um Josué, de um Gideão, ou de um Samuel conclamando o povo à luta, ao sacrifício. Todos os judeus estariam a postos. Nenhum fugiria ao combate. Esse patriotismo estava destinado a assinalar nas páginas da sua gloriosa história, os feitos mais notáveis.

Nesse estado de consciência, nessas prementes circunstâncias, os judeus aguardavam o grito de independência. Foi em Modeina, um lugarejo entre Jerusalém e Jope, a sudoeste da Palestina que Matatias, um velho, mas fiel sacerdote do Senhor, deu o primeiro grito de independência.

Matatias, filho de Simão, filho de Joanan, filho de Haman, da turma de Joaribe (as primeiras 24 turmas estabelecidas por Davi). Era descendente direto da casa de Arão. Matatias tinha cinco valorosos filhos: João, Simão, Judas, Eleazar e Jônatas.

O velho sacerdote, foragido em Modeina ou Modim, acha-se certo dia na vila. Apolônio e Ateneu mandaram um agente do baixo escalão às províncias da Judeia para torturar ainda mais a consciência dos judeus. Apeles, o comissário fiscal de Ateneu, obrigou Matatias e outro judeu a oferecerem sacrifícios aos deuses. O velho sacerdote se recusou terminantemente a fazê-lo. Choveram as ameaças contra os dois judeus. O outro judeu, condescendendo com o comissário, dobra-se aos ídolos e vai oferecer sacrifícios. Matatias então mata a ambos, o renegado judeu e o comissário de Apolônio. A seguir, o ancião, sentindo renovadas as forças, derrubou o altar pagão e lançou a proclamação: Independência! Seu brado ecoou por todas as montanhas da Judeia e feriu os ouvidos dos oprimidos judeus. Chegou o dia da libertação! Ele sabia que lhes esperava o sacrifício. Mas eles estavam dispostos a se lançar à luta, crendo que o Senhor, seu Redentor, pelejaria por eles.

Reunindo seus cinco destemidos filhos, Matatias foge para as montanhas, a fim de engrossar as fileiras de seu pequenino exército, defender-se dos famigerados sírios e proteger seus irmãos de raça.

Os judeus acercaram-se logo de Matatias e começaram a lutar com ardor por sua independência religiosa e política.

Os sírios e os traidores judeus ficaram indignados ante o avanço do velho sacerdote. Nada faziam senão localizar os patriotas e esperar pelo sábado, dia em que os adeptos de Moisés descansam em obediência à Lei do Senhor. De fato, no sábado, os judeus cessavam toda atividade para cultuar o Senhor. De emboscada, os sírios lançaram-se sobre os judeus e mataram cerca de mil soldados. Os judeus preferiram a morte a violar o sábado do Senhor.

Matatias aprendeu a lição desse trágico incidente. O sangue das vítimas autorizou-o a pregar: nesta luta pela vida, pela liberdade e pela religião, pode-se quebrar a guarda do sábado, tratando-se de legítima defesa.

Depois de meses de lutas, e já enorme seu exército, o ancião Matatias morreu. Antes de exalar o último suspiro, recomendou a seus filhos que tomassem Simão por conselheiro e Judas como chefe militar; que se unissem "pelos laços da maior abnegação na sua consagração, à causa

> ## AS ÚLTIMAS PALAVRAS DE MATATIAS
> ## (1MACABEUS 2.49-64)
>
> Agora, pois, ó filhos, sede zelosos da Lei e dai as vossas vidas pela aliança feita com vossos pais; lembrai-vos das obras que fizeram vossos maiores, em seu tempo, e recebereis uma grande glória e um nome eterno. Porventura Abraão não foi achado fiel na tentação, e não foi isto contado como justiça? José guardou os mandamentos (de Deus), no tempo de sua angústia, e veio a ser o senhor do Egito. Fineias, nosso pai, abrasando-se em zelo (pela Lei de Deus), recebeu a promessa de um sacerdócio eterno. Josué cumprindo a palavra (do Senhor) veio a ser juiz de Israel. Calebe, dando testemunho na assembleia do povo, recebeu uma herança. Davi, pela sua brandura, conseguiu para sempre o trono (de Israel). Elias, ardendo em zelo pela Lei, foi arrebatado ao céu. Ananias, Azarias e Misael, crendo firmemente, foram salvos das chamas. Daniel, na sua simplicidade, foi livre da boca dos leões... Não temais, pois, as ameaças do homem pecador, porque toda a sua glória irá ter ao esterco e aos bichos... Vós, pois, filhos, armai-vos de valor e procedei com valentia em defesa da Lei, porque por ela é que sereis gloriosos.

de seu pai, que era de seu país".[4] Matatias foi pranteado e sepultado com seus pais em Modeina em 167 a.C.

Simão, cognominado "o Conselheiro", sendo o mais velho de seus irmãos, conforme lhe designara o pai, ficou aconselhando a seus irmãos. Judas, no entanto, cujo apelido era "Macabeu" (o martelador), tornou-se o grande e destemido general dos exércitos judaicos. William Smith afirma que "Judas foi para a Judeia o que Guilherme Tell foi para a Suíça. Seu nobre caráter, o qual é descrito pelos historiadores em termos brilhantes, conseguiu-lhe espontânea submissão de

---

[4]As últimas palavras de Matatias foram registradas por Flávio Josefo em *História dos judeus*, vol. 4, p. 32-33. São Paulo: Editora das Américas.

seus irmãos e de quase todo o povo".[5] Judas desfechara sucessivos combates sobre seus inimigos, desbaratando-os e confundindo-os.

Primeira guerra

Judas continuou a árdua tarefa de seu pai e reuniu os patriotas judeus. O número de seus homens agora excedia a 6 mil. Esses fatos chegaram ao conhecimento de Apolônio. Perturbou-se ao extremo e preparou poderoso exército sob o comando de um hábil general, mandando-o no encalço de Judas, enviando-o para acabar definitivamente com os judeus. Judas, tendo conhecimento do fato, exortou os 6 mil "Adoradores do Senhor" (eles não eram chamados de "soldados") a combater valorosamente pela pátria e pela religião.

Os exércitos sírios acamparam-se. Judas os localizou. Treinou seu exército na arte difícil do ataque noturno. Quando os sírios estavam desprevenidos, caíram sobre eles à noite, de emboscada; os judeus os destruíram, incluindo o general. Judas apoderou-se da espada do comandante sírio, que lhe serviu de arma poderosa até sua morte. A derrota dos homens de Apolônio foi humilhante e a vitória de Judas das mais estrondosas. A significação dessa vitória consiste exatamente no valor psicológico que ela teria sobre o ânimo dos perseguidos judeus.

Segunda guerra

Apolônio ficou perturbado com a derrota de seus homens. Pediu auxilio a Seron, governador da Celesíria. Este equipou a fina flor de seus homens, preparou um

---

[5]SMITH, William. *Entre los dos Testamentos*, p. 41.

exército de 8 mil soldados e mandou-o destruir o macabeu. Judas fez fervoroso discurso aos seus camaradas, dizendo que o Deus do céu daria aos judeus a vitória. Numa das gargantas do Beth-Horon, exatamente onde Josué derrotara a confederação dos reis cananeus, as tropas de Seron encontraram-se com Judas. O macabeu destruiu tudo, homens e cavalos dos sírios, que fogem desorientados, deixando milhares de mortos sobre os campos de batalha e ricos despojos.

Epífanes não sabe o que fazer. Seu reino está empobrecido. Sua política helênica não surtiu efeitos desejados. Armênia e Pérsia recusaram-se a pagar tributos. Antíoco convocou suas tropas, pagou-lhes um ano de soldo adiantadamente e marchou sobre as pequenas nações, despojando-as e massacrando seu povo.

Terceira guerra

Lísias era o governador interino da Síria, enquanto Antíoco Epífanes despojava os pequenos povos. O rei sírio recebeu a infausta notícia das derrotas de seu povo. Antíoco mandou enérgicas ordens a Lísias no sentido de reprimir os judeus. Lísias, por sua vez, estava também muito preocupado com as duas vitórias sucessivas dos judeus. Preparou um exército de 40 mil homens de infantaria e 7 mil de cavalaria. Entregou o comando aos generais Nicanor e Górgias. Lísias pensou que o movimento de Judas era um movimento de camponeses fanáticos.

Ao saber da aproximação do exército sírio, Judas vai arrebanhando seus homens e preparando-os para a batalha. Em Mispá congregaram-se 6 mil patriotas. Judas ofereceu sacrifícios ao Senhor; depois, à semelhança de Gideão, mandou que os medrosos abandonassem as fileiras do exército. Alguns saíram. Judas reanima o restante e está pronto a pelejar.

Nicanor manda uma falange de 6 mil homens, 5 mil de infantaria e mil cavaleiros, sob Górgias, a surpreender os judeus em Mispá. Judas deixou Górgias de lado à sua procura e, ao alvorecer do dia seguinte, apareceu como um raio nos arraiais sírios, com um exército reduzido de 3 mil homens. O grosso do exército sírio que estava com Nicanor encheu-se de pânico; perseguido, o exército fugiu na direção de Asdode e Jânia, perdendo mais de 3 mil homens. Os despojos ficaram: muito ouro, prata, seda e púrpura do mar, além de grandes riquezas e material bélico. Os judeus também encontraram um número considerável de mercadores, que para ali foram na esperança de comprar judeus escravos das mãos dos sírios. Os judeus venderam tais mercadores como escravos. Górgias via ao longe as chamas e o fumo do incêndio ateado pelos judeus nos acampamentos sírios, e fugiu espavorido! Foi um dia de glória para os judeus.

O sábado estava próximo. Observaram-no com sacrifícios especiais e ações de graças. Judas cruzou o Jordão e derrotou Timóteo e Báquides, matando-lhes mais de 20 mil homens. Tomaram aos sírios as fortalezas de Galaade. Todos esses episódios se desenrolaram no ano de 167 a.C.

Quarta guerra

Lísias recebeu com amargura a notícia calamitosa da derrota de seus exércitos, mas julgou necessário levar avante, custasse o que custasse, sua promessa de aniquilar os patriotas judeus nos campos de batalha da Palestina. Reuniu em 166 a.C. um exército de 65 mil homens (60 mil de infantaria e 5 mil cavaleiros).

Fortaleza Acra

Judas tratou de refazer suas forças e conseguiu para a batalha iminente apenas 10 mil homens. Os sírios estavam próximos e dispostos para a batalha. Judas reuniu os seus 10 mil, orou fervorosamente, dirigiu aos seus homens ferventes palavras de estímulo e encorajamento e lançou-se com ímpeto sobre as tropas de Lísias. Os sírios foram vergonhosamente derrotados em Beth-Zur. Cinco mil homens ficaram prostrados nos campos de luta. Lísias fugiu para Síria. Essa vitória deu aos judeus a posse de Jerusalém, exceto a "Torre Síria".

Houve um período de tréguas nos combates, e os valentes judeus puderam descansar.

Reconstrução e dedicação do templo

Judas dirigiu-se aos seus homens nestas palavras: "Eis aí estão derrotados os nossos inimigos: vamos agora purificar e consertar os lugares santos" (*1Macabeus* 4.36).

Os sírios estavam na Fortaleza Acra, na cidade de Davi, nas proximidades do templo. Judas tomou as devidas providências e começou a purificar a Casa do Senhor.

A erva crescera no átrio do templo, as portas foram queimadas, a câmara sacerdotal destruída, o altar profanado e o templo despojado.

Os homens de Judas limparam o templo, construíram novo altar, novas portas e com o ouro sírio e os despojos de Mispá fizeram vasos para o serviço do Senhor. Tudo está pronto, tudo purificado. No dia 25 de chisleu (equivalente a dezembro) de 166 a.C., 3 anos depois que Epífanes profanou com porco o altar do Senhor, Judas dedicou o templo. Foi uma festa muito grande. Durou oito dias. Esse sucesso, conhecido como "Festa da Dedicação", foi observado pelas posteridades dos judeus. O Senhor Jesus participou de uma dessas festas, conforme lemos em João 10:22-23.

Enquanto parte dos judeus adorava, os homens de Judas vigiavam a Torre Acra. Construíram depois fortes muralhas entre essa torre e o templo.

Judas podia orgulhar-se dos seus feitos, entretanto, atribui todas as suas vitórias a Deus, seu Redentor.

Outros inimigos

A Síria não estava destruída. Judas sabia quanto lhe restava ainda de sacrifício contra esse povo impiedoso. Os judeus foram atacados por todos os lados: ao norte, por samaritanos e galileus; a leste, por amonitas, moabitas e árabes; ao sul pelos edomitas ou idumeus; e a sudoeste pelos filisteus.

Judas atacou a cidade de Jope, arrasando-a, para vingar a vida de 2 mil judeus que pereceram afogados. Em Jânia, os judeus foram massacrados. Judas destruiu a cidade e passou a fio de espada todos os homens.

O líder judeu recebeu cartas pondo-o a par da situação perigosa de Galileia e Galaade. Judas enviou seu irmão Simão com 3 mil homens para a Galileia, e ele liderou a marcha para Galaade. Ambos os exércitos foram bem-sucedidos.

José e Azarias saíram de Jerusalém no comando de 3 mil homens com ordem de não combater. Quando receberam as notícias das vitórias de Judas e Simão, os dois generais ficaram tão entusiasmados que não se contiveram e se lançaram sobre os exércitos de Górgias, em Jânia. Foram obrigados a fugir, deixando sobre os campos 2 mil cadáveres de judeus. Judas vingou depois seus homens. Tomou Hebrom, que estava com os idumeus, invadiu o território dos filisteus e dos samaritanos.

Como Davi, Judas acabou com seus inimigos das nações vizinhas.

Morte de Epífanes

O perverso Antíoco IV, em 164 a.C. ou 165 a.C., organizara uma expedição contra Elimais, com o propósito de saquear o templo de Naneia. Não conseguiu. Voltou para Antioquia. Em Babilônia foi acometido de terrível enfermidade, sem dúvida por causa de seus excessos. Dizem que sua agonia foi das mais horrorosas. Os judeus atribuem isso ao espírito mau que se apossara de Epífanes, em virtude de seu maléfico instinto de perseguição.

Antíoco IV, ao expirar, deixou a tutela de seu filho menor (Antíoco V) a Filipe. Lísias, no entanto, declara-se tutor do jovem rei. Surgem sérias divergências entre Filipe e Lísias. A confusão reina na Síria e em colônias.

Judas vale-se desse período caótico e toma a Fortaleza Acra, cuja guarnição fugiu para Antioquia. Os judeus dominam mais ou menos a situação. Esse período de paz deve ser curto e pode já prenunciar os dias amargos de lutas e sacrifícios.

Quinta guerra

Lísias dominou a situação na Síria, pelo menos aparentemente. Informado das proezas de Judas, preparou um exército de 100 mil infantaria, 20 mil cavaleiros e 32 elefantes. Os elefantes, pela primeira vez, eram usados na guerra contra os judeus. Cada uma dessas bestas, dizem, era escoltada por mil homens de infantaria e 500 cavaleiros. Cada elefante transportava uma torre, em cujo bojo alguns flecheiros se abrigavam. Lísias acampou-se em Beth-Zur e Judas em Beth-Zacarias, a quinze quilômetros de Jerusalém.

Trava-se o combate. A luta é das mais renhidas. Eleazar, vendo um elefante mais enfeitado, julgou estar nele o rei sírio. Lançou-se debaixo do animal e atravessou-lhe o ventre com uma flecha. O animal caiu ao chão. Nada valeu seu sacrifício. Seu povo, pela primeira vez, fora derrotado. Judas bateu em retirada para Jerusalém. Lísias o perseguiu e fez o cerco da cidade, esperando que o povo morresse de fome, o que não aconteceu.

Uma coisa inesperada veio transtornar os planos do ambicioso Lísias. Filipe, aquele que fora escolhido por Epífanes para tutor de Antíoco V, acabava de entrar em Antioquia no comando dos exércitos do seu falecido senhor. Diante desses acontecimentos, Lísias aconselhou Antíoco V a fazer as pazes com os judeus. Os termos de paz eram mais ou menos estes: tudo em Judá voltaria aos tempos dos ptolomeus. Judá continuaria província; em religião, podia agir ou orientar-se livremente. O macabeu venceu, e com ele seu povo. Eis a almejada liberdade. A longa e tempestuosa noite de perseguição passou. Despontam nos horizontes um povo novo e um dia glorioso para o povo de Deus. A liberdade lhes sorri e eles a saúdam, considerando-lhe o preço: o sangue de seus irmãos que foram sacrificados nos campos de batalha.

Lísias mandou matar Menelau e nomeou Alcimo sumo sacerdote em Jerusalém, um suposto descendente de Arão, mas homem de pouco valor e minguados dotes.

Além disso, Lísias conseguiu abater Filipe. Entretanto, sua permanência no governo durou poucos meses, pois Demétrio, filho de Antíoco III, o jovem que fora enviado a Roma como refém em lugar de Epífanes, voltou a Antioquia, reclamou seus legítimos direitos ao trono da Síria, mandou executar Antíoco V e Lísias e declarou-se rei com o nome de Demétrio II – Sóter.

Sexta guerra

Alcimo, o sumo sacerdote em Jerusalém, posto ainda por Lísias, tornou-se chefe do partido helenista daquela cidade. Esse partido, por manobras políticas de Alcimo, caiu nas graças de Demétrio, e pediu-lhe que mandasse a Jerusalém um exército. Isto foi feito. Báquides chefiou o exército contra Judas.

Sabendo da chegada de Báquides, Judas procurou as regiões montanhosas da Judeia a fim de reunir o seu povo. Derrotado, Báquides voltou a Antioquia. O sumo sacerdote temeu os homens de Judas e pediu novo auxílio a Demétrio. O reforço foi enviado. Nicanor, que nutria ódio pelos judeus, foi posto no comando do exército sírio. As tropas de Nicanor e as de Judas se encontraram em Cafarsalama. Nicanor retirou-se para Sião, pois esperava derrotar Judas e fizera propósito de não deixar os territórios da Judeia enquanto não eliminasse o adversário.

Judas, porém, orou a Deus e reuniu seus homens. Novamente, os dois exércitos se encontraram em Beth-Horon, no dia 13 de Adar (fevereiro) de 161 a.C. Nicanor pereceu em combate e seus soldados foram derrotados. A cabeça de Nicanor foi exposta como troféu junto ao templo em Jerusalém. Essa data foi considerada dia de festa nacional.

Judas resolveu apelar a Roma, vendo que Demétrio era traidor e maquinava planos sinistros contra o seu povo.

Sétima guerra

Antes que o Senado romano decidisse ordenar alguma coisa ao governo sírio, Demétrio resolveu vingar-se de Judas. Eupolemo, filho de João, e Jason, filho de Eleazar, foram enviados por Judas a Roma, a fim de propor aos romanos uma aliança contra a Síria. Os enviados trouxeram uma carta, em tabletes de bronze, com os termos da aliança.

O plano de Judas desagradou profundamente os assideus ou chassidianos,[6] que dele se afastaram. O exército de Judas ficou reduzido a 3 mil homens. Demétrio confiou seus exércitos a Báquides. Os sírios atacariam os judeus com 20 mil de infantaria e 2 mil cavaleiros. A finalidade dessa guerra era restaurar ao posto de sumo sacerdote o covarde Alcimo e vingar a morte de Nicanor.

---

[6]Membros de uma facção judaica que se opunha ao helenismo e que observava com rigor os preceitos ritualísticos da Lei.

> ## Oração de Judas Macabeu
> ## (1Macabeus 2.49-64)
>
> À vista deste poderoso exército Judas fez, nestes termos: "Bendito és, Salvador de Israel, que quebraste a força do gigante, por meio do teu servo Davi, e que entregaste o acampamento dos estrangeiros nas mãos de Jônatas, filho de Saul, e de seu escudeiro. Entrega agora este exército nas mãos do teu povo de Israel; fiquem eles confundidos com as tropas e com sua cavalaria. Infunde-lhes terror, faze desfalecer a sua soberba ousadia. Que com seu mesmo quebrantamento sejam destruídos. Derruba-os por meio da espada dos que te amam; que todos os que conhecem o teu nome, te dirijam hinos de louvor". Depois disto, deu-se a batalha. Caíram diante deles cinco mil homens do exército de Lísias. Vendo Lísias a fuga dos seus e a coragem dos judeus, que estavam dispostos ou a viver ou a morrer valorosa-mente, foi para Antioquia e recrutou novos soldados, para tornar ir à Judeia com forças maiores.

Judas viu que muitos de seus homens temiam encontrar-se com o inimigo. Permitiu que os medrosos se retirassem, e seu exército era de apenas 800 homens. Alguém o aconselhou a fugir, a não enfrentar os grego-sírios, mas Judas incisivamente respondeu: "Se nosso tempo tem chegado, morramos varonilmente por nossos irmãos, e não manchemos a nossa honra".

Em Eleaza, à noite, os dois exércitos se encontraram. Em poucas horas de luta, os judeus foram derrotados e Judas morreu como herói, em 161 a.C. Simão e Jônatas levaram seu corpo e o sepultaram em Modeina, junto com o grande Matatias.

O deão Milman descreve o caráter do macabeu: "Entre os elevados espíritos que defenderam a liberdade de seu solo-pátrio, contra a injustiça, e a cruel opressão, ninguém sobrepujou o mais hábil dos macabeus, a realizar um grande fim com meios inadequados; ninguém jamais uniu valor mais generoso a uma causa melhor".[7] O dr. W. Fairweather diz que o macabeu conseguiu "a fé de Abraão, o zelo de Elias, a estatura de Saul e o denodo de Davi".[8]

Perseguições

Após a morte do macabeu e o triunfo de Báquides, Alcimo voltou ao sumo sacerdócio. Houve fome em toda a Judeia e os amigos de Judas foram duramente perseguidos.

Jônatas, apelidado "o Astuto", o quinto e mais jovem filho de Matatias, dirigiu o movimento revolucionário quando seu irmão Judas morreu.

Os judeus se estabeleceram no deserto de Tecoa, onde aproveitaram para vingar a morte de João, um de seus irmãos. Báquides fortificou-se em Jericó, Emaús, Beth-Horon, Betel e outras cidades de Judá. Alcimo destruía as grandes muralhas que cercavam o templo quando foi acometido de paralisia e morreu em grandes tormentos. Diante disto, Báquides voltou a Antioquia, depois de assinar um armistício com Jônatas. Judá descansou durante 2 anos.

O partido helenista novamente maquinou planos contra Jônatas e convidou Báquides para encetar a luta na Judeia. Lembrando-se de suas derrotas, contrariado, ele mandou executar dezenas desse partido, pondo fim às pretensões dos famigerados helenistas.

---

[7] *Hastings' Dictionary of the Bible.*
[8] Citado em RODRIGUES, José Carlos. *Estudo histórico e crítico sobre o Velho Testamento*, vol. 2, p. 451.

Báquides prometeu aos judeus não persegui-los mais. Devolveu-lhes os reféns e deu descanso à terra de Judá. Jônatas estabeleceu-se na Fortaleza de Micmás e dali governou o povo e mandou matar os ímpios e pérfidos judeus. Essa trégua durou de 158 a 153 a.C.

Últimos tempos de Jônatas

Jônatas, depois da aliança com Báquides, continuou a trabalhar pela independência completa de seu país.

Nessa conjuntura, aparece um tal de Alexandre Balas, pretenso filho de Antíoco Epífanes e disputa a coroa da Síria com Demétrio. Demétrio fez mil e uma promessas aos judeus, como libertar a Judeia de impostos, dar-lhes Aferena, Lida e Ramatem e o Porto de Ptolemaida (seriam tirados a Samaria e dados aos judeus); Jerusalém seria cidade santa e todas as despesas do sacrifício seriam pagas com dinheiro de Antioquia.

Alexandre, por seu turno, enviou a Jônatas o decreto declarando-o sumo sacerdote e junto com o decreto uma pomposa roupa sacerdotal e uma coroa de ouro. Jônatas preferiu isto, sabendo que Alexandre desfrutava do favor dos romanos. Jônatas tomou posse do seu cargo em 153 a.C. Esse acontecimento deu início à linhagem de príncipes sacerdotes da família Hasmoniana.

Alexandre derrotou e matou a Demétrio. Em Ptolemaida, por ocasião de seu casamento com Cleópatra, filha de Ptolomeu Filometor, homenageou Jônatas com um grande banquete.

Três anos mais tarde, o trono da Síria foi contestado por um tal de Demétrio II, que, auxiliado por Apolônio, governador da Celesíria, persegue Alexandre Balas. O próprio sogro de Alexandre, sabendo que sua filha fora repudiada, o persegue. Alexandre foge para o deserto da Arábia, onde é assassinado, e Demétrio II, Nicator, reina.

Jônatas nada perdeu com a mudança, ao contrário, ganhou. Demétrio II confirmou-lhe o sumo sacerdócio. Jônatas mandou 3 mil soldados auxiliarem Demétrio a sufocar uma insurreição na Antioquia. Demétrio nunca cumpriu a promessa de retirar as guarnições sírias da Judeia.

Aparece inesperadamente na Síria um tal Trifão, antigo general de Alexandre Balas, reclamando o trono de Antioquia para Antíoco, um dos filhos do genro de Filometor. Jônatas, astuto como era, não perdia tempo; aliou-se a Trifão e saiu à luta. Derrotou as tropas de Demétrio em Hazor, Galileia, Gaza e Damasco. Os sírios reúnem suas forças em Hamata e Jônatas as desbarata. Diante dos estrondosos triunfos de Jônatas, Trifão tremeu com a ideia de que Jônatas ocupasse o trono da Síria e resolveu acabar com sua vida. Trifão convidou Jônatas para um banquete, onde o matou, a portas fechadas. Terminou assim a vida do mais hábil dos filhos de Matatias.

Simão, o Conselheiro

Simão era o segundo filho de Matatias, último sobrevivente dos Macabeus. Ele foi sábio em seu governo. Seus golpes foram todos acertados. Fortificou as torres da Judeia. De Jope fez um porto judeu e apoderou-se de Gadara. Investiu sobre a Fortaleza de Acra. Conseguiu tomá-la pela fome em 12 de maio de 142 a.C. e adentrou nela de forma triunfante.

Trifão assassinara o jovem Antíoco e lutava com Demétrio II. Simão conseguiu de Demétrio isenção completa de impostos para seu país. A Judeia, desse modo, sacode o jugo pagão.

Simão tomou a fortaleza de Beth-Zur e, a seguir, trabalhou incansavelmente pela independência da Judeia. Conseguiu-a, graças à sua persistência. O povo judeu o elegeu em assembleia governador e sumo sacerdote dos judeus, tornando esta honra hereditária a sua família. Tinha poderes absolutos.

Simão começou por ganhar a simpatia dos romanos e espartanos. Para aqueles, enviou um presente de meia tonelada de ouro.

Antíoco VII, o Sidetes, voltou-se contra Trifão e o venceu. Ordenou a seguir que o seu general Cendebeu invadisse a Judeia. Simão era muito velho e confiou o comando de suas tropas a Antígono e Aristóbulo, seus filhos. Os sírios foram derrotados em Samaria.

O reinado de Simão durara 30 anos, como o de Judas e Jônatas. O governo de Simão foi próspero e abençoado.

Os últimos dias de Simão foram os mais tristes de sua história. Seu genro, Ptolomeu, filho de Abalo, queria usurpar o trono da Judeia, e, traiçoeiramente, matou a Simão e a dois de seus filhos: Judas e Matatias. Hircano, entretanto, fugiu e refugiou-se na Fortaleza de Gadara.

Termina, assim, o último sobrevivente dos Macabeus. A morte de Simão ocorreu mais ou menos em 135 a.C.

A dinastia hasmoniana

Quase todos os historiadores desse período incluem o nome de João Hircano, o único sobrevivente de Simão, o Conselheiro, na história dos Macabeus. Preferi, entretanto, colocar João Hircano na seção "A dinastia hasmoniana". Assim, mesmo que João Hircano seja neto de Matatias, o Período Macabeu se divide naturalmente em duas partes: a primeira é a "História dos Macabeus", que começa com

Matatias e se estende de Judas até Simão, último filho do sacerdote hasmoneu; a segunda é a "Dinastia Hasmoniana", a história dos netos, bisnetos e outros descendentes de Matatias (reconhecemos que há ligação direta entre as duas divisões, mas isto é uma acomodação para auxiliar nossa memória).

Vamos assim colocar o ponto final nos fatos históricos da primeira divisão. Quando o velho sacerdote Matatias, em Modeina, assassinou o comissário de Apolônio e de Ateneu, e o covarde e pérfido judeu, a situação dos judeus era deplorável. Cerca de 50 ou 60 anos mais tarde, depois de tantas lutas e tantos sacrifícios, a Judeia alcança sua independência religiosa e política. Simão não pereceu nas mãos dos sírios. Os judeus tinham mais liberdade naquele momento que nos dias de Nabucodonosor. Podiam adorar livremente o seu Deus. A terra da Judeia experimentava, depois de muitos anos de luta, a doce paz.

O país dos judeus está esfacelado e muito reduzido. Prepara-se agora para uma nova fase, um período de reconstrução. Na divisão sobre a Dinastia Hasmoniana assistiremos ao desenrolar de outros fatores que vieram modificar o curso desses acontecimentos, dificultando, alterando e transtornando a vida dos filhos de Abraão.

O período macabeu caracteriza-se mais pelo heroísmo patriótico que pelo ardor religioso. Os filhos de Hasmon ganharam a batalha final.

João Hircano

Ele é o segundo filho de Simão. João conseguiu fugir dos planos facínoras de seu cunhado Ptolomeu Abalo. Reinou em lugar de seu pai em Jerusalém, de 135 a 106 a.C.

Seu primeiro ato, após ser investido no reinado e sumo sacerdócio, foi subir de Gaza a Jerusalém. Organizou poderoso exército e foi no encalço de Ptolomeu, assassino de seu pai e irmãos. Ptolomeu refugiou-se numa fortaleza de Jericó. Hircano cercou a fortaleza. O facínora Ptolomeu, sobre as muralhas da fortaleza, açoitava a mãe e os irmãos de João. Ameaçava lançá-los ao precipício de cabeça para baixo. A mãe de Hircano, idosa, em meio de tantos padecimentos, exortava o seu querido João que não se importasse com seu sofrimento, nem com seu sacrifício. O coração de seu filho levou-o a desistir do cerco. Ptolomeu, vendo-se livre, matou todos os prisioneiros e fugiu para a Filadélfia, além-Jordão.

Ao voltar de sua campanha contra o bárbaro Ptolomeu, seu cunhado, Hircano teve de enfrentar o numeroso exército de Antíoco VII, o Sidetes (de Sídon). Hircano resistiu-lhe em Jerusalém. Sidetes sitiou a Cidade Santa, que se rendeu pela fome. Outros dizem que Hircano pediu a Sidetes tréguas, porque realizava naqueles dias uma grande festa religiosa em Jerusalém. Hircano não quis depois prosseguir na luta e Sidetes foi obrigado a abandonar seus intentos de destruir Jerusalém, porque o desafiavam e o chamavam aos cantos de batalha a fim de resolverem certos problemas.

Sidetes obrigou Hircano a uma paz vergonhosa. A fortaleza em Jerusalém fora destruída. A Judeia pagaria tributos à Síria e os soldados sírios guarneceriam os principais lugares da cidade.

Sidetes é chamado pelos judeus de Eusebes, o Pio, por ter dado uma generosa oferta ao templo na ocasião em que Hircano lhe pediu tréguas.

Antíoco VII foi enfrentar os partas e pereceu num dos combates.

Hircano viu-se, de um momento para outro, livre de todos os seus compromissos com o rei sírio. A Judeia alcançara novamente sua independência. A Síria não mais a molestará. Será tributária um dia dos romanos, cujas conquistas se estenderam do Ocidente ao Oriente.

Guerras de João Hircano

Contra Samaria

Quando os judeus foram repatriados pelos persas, Sambalá, num espírito de competição aos judeus e para favorecer seu genro Manassés, que era um renegado e infiel sacerdote, contemporâneo de Esdras, construiu o templo de Samaria, que era grande e suntuoso. Havia rivalidade séria entre Jerusalém e Samaria: os judeus diziam que o verdadeiro templo era o de Jerusalém; os samaritanos, por seu turno, diziam que o verdadeiro era o seu. Os judeus se escandalizavam com o templo samaritano. Os samaritanos ainda acolhiam a escória dos sacerdotes judeus. Hircano, valendo-se da morte de Sidetes, cercou Samaria, tomou-a e destruiu-a, arrasou o templo, reduzindo-o a escombros. Nunca mais os samaritanos o reedificaram. O ódio entre os judeus e samaritanos continuou.

Contra Edom

Edomitas ou idumeus são descendentes de Edom (Esaú), o irmão de Jacó. Entre os dois irmãos sempre houve divergências, e lutas entre os seus descendentes. Edom habitou as montanhas do Sul, em pleno deserto. Joabe arrasou-os com seu poderio e quase os extinguiu. Quando os judeus voltaram do exílio, os idumeus tinham refeito suas forças e, enxotados pelos árabes, habitavam nas proximidades de Hebrom. Atormentavam continuamente os judeus. Hircano, não mais suportando aquela perfídia, submeteu-os e propôs-lhes: "De duas, uma: espada e retirada do país, ou circuncidarem-se, converterem-se ao judaísmo". Aceitaram a circuncisão. Alegraram-se com o fato os judeus. "Estas conversões forçadas, entretanto, nunca produzem bons resultados".[9] Os idumeus, mais tarde, oprimiram os filhos de Israel; veremos depois como Herodes, o Grande, um idumeu, maltratou os pobres judeus.

Paz, reconstrução e lutas internas

Livre de seus atormentadores, Hircano empreendeu a reconstrução de fortalezas e edifícios em Jerusalém e outras cidades estratégicas.

Em Jerusalém construiu a Torre Baris, na esquina noroeste dos pátios do templo. Essa torre nos dias de Herodes chama-se de Antônia. A Palestina volta, dessa maneira, aos seus limites originais.

Os macabeus sempre pertenceram ao "assideus" ou "chassideus" (mais tarde "fariseus"), partido conservador de seu povo. Hircano, porém, foi saduceu, e perseguiu os fariseus. O deão Milmam relata o seguinte incidente entre Hircano e o fariseu Eleazar:

> A causa daquele rompimento é característica nos costumes dos judeus. Durante um banquete em que estavam presentes os chefes da seita dominante, Hircano pediu-lhe seu parecer sobre suas atribuições nos assuntos administrativos, o que criam estivesse em

---

[9]SMITH, William. *Entre los dos Testamentos*, p. 51-52.

perfeita consonância com o princípio de justiça (justiça era a palavra chave dos fariseus, no sentido de retidão) e por sua adesão aos ideais da seita. Os fariseus, mediante geral aclamação, aprovam todos os seus atos (de Hircano); uma voz, porém, a de Eleazar, foi a única que perturbou a harmonia geral, e bradou: "Se és um homem e justo, abandona o sacerdócio, pois estás desqualificado pela ilegitimidade de teu nascimento". A mãe de Hircano, dizia-se, ainda que Josefo, falsamente, fora levada cativa, e assim esteve exposta a sacrílegos abusos de um amo pagão. Hircano, indignado com aquilo, ordenou que fosse julgado por difamação, porém a influência dos fariseus o protegeu e conseguiu livrar-se depois de alguns açoites e um pouco de prisão. Hircano, furioso por aquela inesperada hostilidade, ouviu as declarações de Jônatas, um saduceu, que acusou a facção rival de estar conspirando para intibiar o poder soberano, e desde essa hora separou-se (Hircano) dos concílios farisaicos.[10]

Os hasmonianos levantaram-se na força de seu patriotismo para sacudir o passado insuportável do jugo sírio. Era, portanto, um movimento de independência e de libertação. Foi nesse espírito que o velho Matatias agiu, bem como Judas, Jônatas, Simão, João e Eleazar. Hircano, porém, inaugura na Palestina uma era de intolerância e opressão. Desfaz, portanto, tudo o que seus antepassados fizeram. É a história dos crimes e da opressão. Para reprimir esses excessos, anos mais tarde levanta-se o feroz Herodes, que reivindica o sangue que os sucessores de Hircano derramaram.

[10] *Hastings' Dictionary of the Bible*, p. 52.

Aristóbulo

João Hircano teve vários filhos; entre eles destacamos Judas, Matatias e Jônatas. Com suas tendências helenísticas, mudou esses nomes para Aristóbulo, Antígono e Alexandre Janeu, respectivamente.

Antes de morrer, ele deixou por testamento o reino à esposa. Depois de sua morte, Aristóbulo I mandou prender a mãe; e conserva-a presa, deixando-a morrer de fome no cárcere.

O breve reinado de Aristóbulo I é marcado por uma série de conquistas: subjugou a Itureia, algumas regiões ao oriente do Jordão e outras. Em plena luta, uma doença obrigou-o a voltar a Jerusalém. Antígono, seu irmão predileto, comandou os exércitos judeus. Ele acabou de subjugar o inimigo e, em paz, voltou a Jerusalém. Foi logo ao templo cumprir seus votos.

Sua cunhada, a rainha Alexandra, teve ciúmes de suas glórias e de sua popularidade, e incutiu no espírito de seu esposo, Aristóbulo I, matar Antígono. Aristóbulo continuou enfermo e acamado. Pediu a Antígono que chegasse à sua presença e deu ordem aos soldados para o avisarem de que não viesse armado. Se estivesse armado, podiam matá-lo. Instigados pela rainha, os soldados disseram a Antígono que seu irmão queria vê-lo com a couraça e com as armas. Quando Antígono atravessava a Torre Baris para avistar-se com seu irmão, a quem tanto amava, caiu golpeado pelos soldados, pois estava armado. Os cruéis assassinos levaram a infausta notícia a Aristóbulo, que vomitou sangue ao saber que seu irmão fora barbaramente trucidado. Contorcendo-se, entra em agonia e morre dentro de alguns dias. Esse trágico acontecimento ocorreu em 105 a.C.

Alexandre Janeu

Outro desatinado e cruel filho de Hircano. Apoderou-se do trono e do sumo sacerdócio da Judeia logo após a morte de Aristóbulo I. Seu primeiro ato, depois de empossado, foi mandar matar um de seus irmãos.

Quando Alexandre começou a governar, os atritos entre Síria e Egito se acentuaram. As velhas rivalidades obrigavam os dois povos a medir forças nos campos de batalha. Alexandre tomou Ptolemaida, Dora e Gaza. Ptolomeu Látirus opôs-se a sua mãe; esta o obrigou a fugir. Deixando o Egito, foi para Chipre.

O povo de Ptolemaida pediu auxílio a Látirus. Este organizou um grande exército e marchou contra Alexandre e o derrotou. Entrou na Judeia, causando danos irreparáveis. Cleópatra vem socorrer os judeus e derrota seu filho. Apenas os exércitos estrangeiros haviam se retirado do país. Alexandre tomou Gadara. Prosseguindo nas guerras e conquistas, foi derrotado em Amatus. A seguir, tomou Gaza e a destruiu.

Os tumultos e as ameaças de guerra civil continuaram na Palestina. A situação interna do país se tornava cada vez mais grave. Os fariseus, valendo-se da oportunidade de Alexandre estar oficiando na festa dos tabernáculos, o apedrejaram e lançaram-lhe em rosto a descendência de seu pai. Alexandre, para vingar-se daquelas pedras, chamou seus soldados, e naquele dia caíram 6 mil do povo. Desde aquele dia, houve separação entre a câmara sacerdotal e o santuário.

Alexandre conquistou Moabe e Galaade no comando de soldados mercenários da Psídia e da Cilícia. Três anos mais tarde, avançou sobre Gaulonitis e foi derrotado por Orodes, rei dos árabes.

A nação se levanta contra o rei. Houve uma guerra civil, que se estendeu por 6 anos. A princípio, os mercenários de Alexandre asseguraram-lhe vantagem. Acontece, porém, que o rei sírio Demétrio Eucurus auxiliou os patriotas judeus. Alexandre foi derrotado, e seus mercenários foram mortos e retalhados. Alexandre Janeu fugiu para as montanhas da Judeia.

Os fariseus passam a dirigir a nação. Uma rivalidade talvez entre saduceus e fariseus por causa do trono e do sumo sacerdócio traz a Fera ao trono judeu. Alexandre derrotou os patriotas judeus em Betshura. Leva seus prisioneiros a Jerusalém. Manda preparar na Cidade Santa um lauto banquete, e entre esposas, filhos e concubinas, embriagados, assiste à crucificação de 800 inimigos políticos, incluindo irmãos de sangue, muitos dos quais eram seus filhos e também havia muitas esposas. Oito mil revolucionários foram obrigados a fugir.

Alexandra

Alexandra Janeu governou 27 anos, quer dizer, de 105 a 78 a.C. Alexandra deu o poder real e o prestígio de sua coroa aos fariseus, aqueles que foram perseguidos por seu esposo. Os fariseus exigiram a condenação dos vândalos executores de seus irmãos de crença. Aristóbulo II, outro filho de Alexandre, opôs-se a esse plano. Alexandra enviou os acusados para fora do país e assim conseguiu libertá-los da ira farisaica.

Hircano II e Aristóbulo II

Alexandra morreu aos 73 anos, deixando a coroa civil ao seu filho Hircano II, que já possuía a sacerdotal. Seu irmão, Aristóbulo II, antes que a mãe morresse, fugiu e organizou poderoso exército, obrigando Hircano II a entregar-lhe as coroas civil e sacerdotal. Hircano retira-se para a vida privada.

Aristóbulo II governou de 69 a 63 a.C. Seu governo não foi de paz. Novos e inesperados acontecimentos convulsionaram seu reino. Mal Aristóbulo vencera os fariseus, levanta-se no sul um aventureiro inteligente, Antípater, idumeu, filho de Antipas, rei da Idumeia, eleito por Alexandre Janeu. Antípater fora educado na corte em Jerusalém. Conhecedor profundo dos problemas judaicos, ele convenceu Hircano II a fugir, porque Aristóbulo II intentava-lhe o mal. Hircano II fugiu para Nabateia, na Arábia Pétrea, e expôs seu caso ao rei Aretas. Aretas e Hircano II organizaram um exército de 50 mil homens e marcharam contra Aristóbulo, que foi derrotado e refugiou-se no templo de Jerusalém.

Aristóbulo II e seus homens permaneceram no anel do cerco de Hircano II e Aretas. Chegou a festa da Páscoa. Os sitiados não tinham vítimas para o sacrifício. Começaram a pedir para o exército invasor. Os homens de Aretas zombavam dos pobres judeus e prometeram-lhes cordeiros se lhes baixassem canastras com dinheiro. Os judeus baixaram pelas muralhas os cestos e o dinheiro correspondente aos dos animais que seriam sacrificados. Os nabateus às vezes mandavam-lhes as canastras vazias, outras vezes enviavam porcos.

Para o país dos judeus, nessas horas de aflição, urgia uma intervenção. Os romanos não estavam seguros na Ásia. Havia um século, mais ou menos, os macabeus fizeram uma aliança com os romanos. Mitríades disputara a supremacia da Ásia Ocidental. Seu filho, Tigranes, rei da Armênia, apoderara-se da Síria em 83 a.C. Ficou senhor da Síria até o tempo em que Lúculo o derrotou e restaurou o último selêucida, Antíoco VIII, em 69 a.C.

Pompeu dirigiu os negócios do Oriente. Três anos depois da restauração de Antíoco VIII, Pompeu derrotou Mitríades, que fugiu para a direção do Cáucaso. Pompeu foi ao seu encalço. As hostes romanas prosseguiram na luta sob Scaurus. Tomaram Damasco, restauraram Antíoco XIII e receberam os enviados de Hircano II e Aristóbulo II. Cada qual fazia a Scaurus uma oferta para continuar no governo da Judeia. Scaurus preferiu a proposta de Aristóbulo II.

Os romanos ordenaram a imediata retirada dos homens de Aretas. Vendo que os nabateus se retiravam, Aristóbulo infligiu-lhes na retaguarda tremenda derrota.

Pompeu foi a Damasco para receber homenagens e presentes dos reis da Ásia. Aristóbulo II mandou-lhe uma videira de ouro, com o peso de 500 talentos. Antípater foi defender a causa de Hircano II. Pompeu, no entanto, decidiu-se por Aristóbulo II, ainda que com algumas reservas. Antípater, sempre astuto, levou em sua companhia mais de mil dos mais ilustres judeus. Estes apoiavam Hircano II. Aristóbulo II, por sua vez, enviou um pelotão de belos jovens, vestidos de preto e púrpura, com lindas armaduras. Diante dessa cena, Pompeu se portou com toda a frieza e indiferença.

Pompeu partiu para a Arábia Pétrea, e Aristóbulo II, temendo que estivesse em causa perdida, prepara-se para a luta contra os romanos. O retorno inesperado de Pompeu desconcertou os planos do ambicioso Aristóbulo II, que foi derrotado e seus 12 mil homens se refugiaram no templo de Jerusalém. Os romanos entraram triunfantes na Cidade Santa e foram diretamente recebidos por Hircano II e seus homens. Os romanos esperaram durante três meses que os 12 mil saíssem do templo. Vendo que lá permaneciam, resolveram transpor suas portas e sacrificar os 12 mil. O sangue desses soldados de Aristóbulo II encheu o santuário do templo. Os sacerdotes estavam ocupados oferecendo sacrifícios quando a matança ocorreu. Eles não interromperam seu trabalho. Muitos deles foram mortos com os rebeldes.

Dessa maneira, o templo dos judeus foi mais uma vez profanado. Pompeu, por curiosidade, quis entrar no Santo dos Santos. Entrou. Ficou profundamente admirado por não ter encontrado ali imagens. Não tocou nos vasos sagrados nem se apoderou dos tesouros do templo. Por fim, entregou o governo civil e o sumo sacerdócio a Hircano II. A Judeia ficou obrigada a pagar tributos a Roma.

Aristóbulo II, seus filhos — Alexandre e Antígono — e duas de suas filhas foram cativos para Roma. Antígono conseguiu fugir de Roma.

Novamente Hircano II volta ao governo da Judeia. Ele, no entanto, é um mero instrumento nas mãos de Antípater, que é o verdadeiro governador do país, sob a tutela romana. Os romanos anexaram a Judeia à Síria, formando assim uma grande província.

O governo de Hircano-Antípater foi agitado por constantes revoluções. Alexandre fugiu de Roma e, no comando de 10 mil homens de infantaria e 1.500 cavaleiros, atacou Hircano II. Foi derrotado por Gabino.

Gabino resolveu tirar o poder temporal das mãos do sumo sacerdote. Estabeleceu um Sinédrio com cinco membros para governar a Judeia. O poder foi dividido. As capitais dessas cinco regiões estariam em Jerusalém, Jericó, Gadara, Amatus e Séforis. Desse modo, Hircano foi sumariamente apagado.

Aristóbulo II e Antígono conseguiram fugir de Roma e tomaram alguns fortes na Judeia. Gabino os derrotou no monte Tabor, apesar de seus 80 mil homens. Aristóbulo II foi enviado novamente a Roma.

Em 55 a.C., Crasso recebeu a Síria como parte do primeiro triunvirato.[11] Ambicioso e usurário, ele foi a Jerusalém e apoderou-se dos tesouros do templo — cerca de 10 mil talentos de ouro.

Mais tarde, César libertou Aristóbulo II. Quando ele se dirigia a sua terra, amigos de Pompeu o mataram. Alexandre, filho de Aristóbulo II, foi executado por Cipião na cidade de Antioquia. Antígono sobreviveu, mas as pretensões do ambicioso Antípater o aniquilaram completamente.

Julio César elegeu Hircano II o etnarca da Judeia e Antípater foi designado procurador geral da Judeia. Ele também era cidadão romano.

Muitos anos mais tarde (40-37 a.C.), Antígono, valendo-se da oportunidade de César, fez aliança com o chefe parta, oferecendo-lhe mil talentos de ouro e 500 mulheres das mais nobres e mais famosas. Os partos derrotaram Antípater e seu filho Herodes e colocaram Antígono, filho de Aristóbulo II, no trono de Jerusalém.

Três anos mais tarde (37 a.C.), Crasso, um elemento do segundo triunvirato, restaurou o governo judeu nas mãos do sanguinário Herodes, apagando para sempre a dinastia hasmoniana.

---

[11]Um "triunvirato" é o governo de três pessoas. Com a insatisfação de Crasso e Pompeu em relação ao Senado romano, César uniu-se a eles numa conspiração ou aliança oculta a fim de dividir entre si as províncias da República Romana. Júlio ficou com as Gálias; Pompeu com a Espanha e África; e Crasso com o Oriente.

6
Período Romano

O Império Romano já vinha de uma longa história de ascensão e dominação. Os romanos eram insaciáveis nas suas conquistas e finalmente subjugaram a Macedônia, que se tornou submissa a Roma. A Grécia subjugada passou a ser a "Província Romana de Acaia". Os romanos sujeitaram depois disso o Egito, a Síria e todo Oriente.

O período romano neste estudo não se refere à dominação romana no mundo, que começou com as Guerras Púnicas (264 a.C.–146 a.C.), mas à intervenção de Roma na Ásia, de modo particular na Palestina. O poder romano em Israel começou em 63 a.C., ainda que muito antes disso a Ásia já estivesse dominada por esse império.

Roma e Judeia

Roma deu certa liberdade aos povos vencidos. Cada país podia ter seu rei. Roma mantinha em cada país seu "governador", ou "procônsul", ou "juiz", além de um corpo de publicanos para arrecadar os impostos.

Vamos estudar agora a vida de Antípater e de seus filhos, principalmente Herodes, chamado "o Grande". Em torno de suas vidas, destacaremos os principais eventos da história judaica sob o Período Romano. Discorrendo sobre Herodes, somos obrigados a voltar-nos para os pontos principais da história romana relevantes para esse período.

Antípater

Quando submeteu os povos vizinhos da Judeia, João Hircano enxotou de Jerusalém os idumeus, que ali foram e lançaram certa raiz enquanto os judeus estiveram na Babilônia. Desde a restauração, os judeus não haviam conseguido expulsar de modo completo os idumeus ou edomitas, descendentes do rebelde Esaú.

Os idumeus habitaram a região sudeste da Palestina ou extremo sul do vale do Sal. Às vezes subjugados pelos judeus, outras vezes prejudicando-os. João Hircano expulsou-os de Jerusalém, perseguiu-os até suas cidades e impôs-lhe estas condições: ou vocês se circuncidam ou então morrem. Aceitaram a primeira e se tornaram judeus. Tinham livre curso em Jerusalém e desfrutavam de privilégios especiais entre o povo de Deus. Aos poucos foram se inoculando no seio da nação.

Antípater, o sagaz idumeu, valeu-se das intrigas políticas envolvendo os irmãos Hircano II e Aristóbulo II para ascender politicamente, como vimos no "Período macabeu". Inteligente e astucioso, ele fez tudo para dominar a Judeia. Não foi difícil para Antípater usar Hircano II como trampolim. Quando Aristóbulo II usurpou o trono de Hircano II, Antípater colocou-se ao lado de Hircano e fez tudo para que este retomasse o trono de Jerusalém. O trono de Jerusalém era de Hircano; dominando Hircano, Jerusalém estaria em suas mãos mais cedo ou mais tarde.

O astuto Antípater seguiu três passos a fim de conquistar a Judeia de forma pacífica.

1. Convenceu Hircano II de que os idumeus eram amigos dos judeus e eram judeus.
2. Constituiu-se advogado de Hircano e incitou-o contra o irmão Aristóbulo. Antípater ajudou Hircano a cair nas graças do poderoso general Pompeu depois de um deslize de Aristóbulo contra o próprio militar romano. O general, depois de ser aclamado pelo partido de Hircano II, conferiu-lhe a coroa e o sumo sacerdócio. Além disso, ele reduziu a Judeia à condição de tributária de Roma e retirou-se.
3. Apoderou-se do governo da Judeia. Hircano II era apenas uma figura decorativa no trono de Jerusalém. Quem tinha todo o poder ali era de fato o idumeu.

Antípater e seus filhos se firmavam cada vez mais no poder. Antípater ajudou César na campanha do Egito. Em agradecimento pelos serviços prestados, César nomeou-o procurador geral da Judeia. Hircano II, por sua vez, foi constituído um simples etnarca da Judeia. Enquanto a gloriosa luz dos hasmonianos se apagava, o fulgor dos idumeus crescia em glória.

O idumeu tinha quatro filhos: Fasael, Herodes, José e Feroras, e uma filha, Salomé. Ele nomeou Fasael para o trono da Judeia, e Herodes, com apenas 15 anos, governador da Galileia.

Herodes, o Grande

Desde cedo mostrou sua crueldade no governo da Galileia. Distinguiu-se por desafiar e burlar as leis dos judeus. Acabou com o banditismo na Judeia executando o chefe dos ladrões. O Sinédrio doeu-se pela execução, por não ter sido feita de acordo com a lei judaica. O Sinédrio também protestou contra sua autoridade arbitrária. Herodes conseguiu uma carta ameaçadora de Sexto César e entrou armado no Sinédrio. Hircano II dissolveu o Sinédrio e Herodes fugiu para Damasco; Sexto César o fez governador da Celesíria.

Júlio César morreu em 44 a.C. O partido de Hircano II, sustentáculo dos idumeus, sofreu um grande golpe. Cássio, ambicioso e intolerante, assumiu o governo da Síria. Impôs 700 talentos à Judeia, 350 a Antípater e 350 a Hircano II, que pediu ao seu palaciano que levantasse a sua parte. Málicos não conseguiu levantar a soma porque Antípater furtou o dinheiro de Hircano. Então, Málicos envenenou Antípater. Herodes tentou matar Málicos na presença de Hircano.

Cássio saiu da Síria, e os judeus preparavam-se para sacudir o jugo de Herodes, mas Fasael os derrotou, e Antígono, sobrinho de Hircano II e filho de Aristóbulo II, foi expulso da Galileia por Herodes.

Os judeus empreenderam novas tentativas de libertação; Hircano estava no comando do movimento, mas se vendeu ao astuto Herodes, que lhe prometeu que se casaria com Mariana, neta de Hircano. Herodes agora pertencia à família hasmoniana. Derrotou depois Antígono. Ganhou o favor de Marco Antonio, depois do Segundo Triunvirato, e foi eleito, juntamente com Fasael, Tetrarca da Palestina. Marco Antonio expediu diversos decretos favorecendo Hircano II.

Enquanto Marco Antonio passava seus dias alegres com Cleópatra, a Síria se rebelou e pediu auxílio aos partos. Antígono aliou-se aos sírios. Os exércitos de Antígono marcharam sobre Jerusalém. Herodes deu conselho a Hircano II para permanecer no governo. Quando as tropas de Antígono estavam próximas de Jerusalém, Hircano e Fasael desobedeceram a Herodes e submeteram-se a Barzafernes, chefe sírio. Herodes fugiu para Massa, fortaleza na parte ocidental do mar Morto. Deixou ali sua mãe, sua irmã e a noiva Mariana sob os cuidados de seu irmão José e a proteção de um exército idumeu, e foi a Roma.

Barzafernes entrou em Jerusalém e, vendo que Herodes fugira, prendeu Fasael e Hircano II. O primeiro suicidou-se na prisão; Hircano teve as orelhas cortadas, impossibilitando-o de continuar no sumo sacerdócio. Muitos anos mais tarde, Hircano foi executado por Herodes, acusado de traição.

Em Roma, Herodes advogou sua causa junto aos triúnviros e foi por eles nomeado rei da Judeia.

Antígono governou 3 anos (40-37 a.C.) sob a proteção dos partos. Os partos, depois de saquearem o país, se retiraram, mas Antígono permaneceu em Jerusalém. Herodes casa-se com Mariana e, auxiliado pelos soldados romanos que acabavam de abater o poderio parto, sitiou Jerusalém. Antígono resistiu por seis meses. Por fim, num sábado, os judeus se entregaram e os romanos penetraram na cidade. A fúria foi tão devastadora que Herodes lhes rogou que cessassem a matança, pois não queria ser rei de uma capital sem habitantes. Antígono foi preso, algemado e enviado a Antonio, que o executou por instigação de Herodes. Os hasmonianos foram derrotados completamente em 37 a.C.

Herodes, subindo ao trono da Judeia, trouxe para Jerusalém mercenários que haviam estado a serviço da ímpia Cleópatra. Ofereceu sacrifícios a Júpiter Capitolino.

As moedas que ele e seus sucessores cunhavam traziam inscrições gregas. Transportou para Jerusalém os fogos e as festas pagãs. Matou 45 partidários de Antígono. Mandou executar todos os membros do Sinédrio, exceto os rabinos Sâmea e Pólio, que aconselharam a capitulação de Jerusalém. Os tesouros do templo foram postos à disposição de Antonio.

Segundo William Smith:

> Todo o reinado de Herodes foi, em muitos respeitos, uma repetição do reinado de Epífanes com os macabeus. Certo é que Herodes foi mais político e mais prudente, e também é provável que tivesse mais simpatia pelos judeus que Epífanes. Porém, o espírito de firme resistência a toda inovação e devoção ao Senhor ardeu vigorosamente no peito dos judeus, como outrora ardera sob Epífanes.

Sumo sacerdote

Herodes, reconhecendo-se estrangeiro, não teve coragem de exercer o sumo sacerdócio. Temendo entregar essa estratégica posição aos remanescentes hasmonianos, nomeou para o lugar um obscuro personagem, talvez judeu de Babilônia, chamado Ananel.

Alexandra, mãe de Mariana e Aristóbulo, não gostou da nomeação e teceu um plano com Cleópatra, e não tardou a chegar a ordem de Marco Antonio para que Aristóbulo fosse investido das funções de sumo sacerdote. Os judeus ficaram jubilosos com a investidura. Um rapaz de 16 anos exercendo o sumo sacerdócio com tanta dignidade despertou o ciúme de Herodes, que buscava a oportunidade para liquidá-lo. O dia esperado chegou. Alexandra deu a Herodes um banquete em Jericó. Enquanto Aristóbulo e outros jovens tomavam banho, o sumo sacerdote morreu afogado. Alegaram desastre, mas o certo é que Aristóbulo foi assassinado por ordem de Herodes.

Herodes nomeou novamente Ananel para sumo sacerdote. O rei mandou preparar para a sua vítima um pomposo funeral, mas o povo não se deixou enganar. Alexandra outra vez apelou para Cleópatra, e Herodes foi chamado a Laodiceia por Antonio. O tirano edomita temeu o urgente chamado de seu senhor, mas foi disposto a enfrentar tudo. Ordenou a seu irmão, José, que matasse Mariana caso ele morresse. Levou raros e preciosos presentes a Antonio. O amante de Cleópatra cedeu à lábia e pretensões do idumeu. Voltou de Laodiceia com Celesíria anexada aos seus domínios. Por causa de Mariana e Salomé, mandou executar seu irmão José e encarcerar Alexandra.

Herodes e Augusto

No ano da batalha de Actium, 31 a.C., Jerusalém foi violentamente sacudida por um terremoto. Calcula-se em 10 mil ou 20 mil o número de vítimas. A confusão reinou na cidade. Cleópatra pedira a Herodes para enfrentar Malco, chefe árabe. Herodes alcançou grande vitória sobre os árabes. O pedido de Cleópatra livrou o rei da Judeia de acompanhar Antonio a Actium.

Com a derrota de Antonio, Herodes foi avistar-se com Otávio, tendo antes executado Hircano e enviado Alexandra e Mariana para um forte. Alcançou o favor de Otávio. Voltou para Palestina com novos louros. Quando Otávio se dirigia ao Egito, Herodes foi encontrá-lo em Ptolemaida. Alimentou as hostes romanas e deu ao ditador da Itália um presente em 800 talentos de ouro. Reduzido o Egito a província romana, Otávio deu a Herodes os territórios que Antonio dera a Cleópatra. Dessa maneira, Herodes viu seus territórios expandidos. Seu reino compreendia agora o território que pertenceu às doze tribos de Israel, mais a Idumeia. O país se dividia em quatro distritos:

1. Judeia, que se estendia dos confins do Egito e o deserto do sul até a linha traçada desde Jope.
2. Samaria, cuja linha divisória ao norte corria pelo planalto do Esdraelon, encontrando o mar ao sul de Dora.
3. Galileia, alta e baixa, estendendo-se ao norte até o paralelo do Hermom, cortada pelo mar na estreita faixa da Fenícia, alcançando o Carmelo e quase Dora.
4. Pereia — é a Transjordânia. Subdividia-se em:

   a) Pereia propriamente dita, entre Arno e Jaboque.
   b) Galaditis, antiga Galaade.
   c) Batânea.
   d) Gaulonites.
   e) Itureia ou Aurantis, antiga Basã.
   f) Traconites, terras de Haurã.
   g) Agilena, entre as colinas orientais do Antelíbano.
   h) Decápole, nome privativamente dado a dez cidades do distrito na primeira ocupação romana, depois abrangeu a região oriental e ocidental do mar da Galileia.

Herodes tinha grandes domínios, mas não respeitou a consciência dos judeus; proscreveu o nome do Senhor daquela terra e começou a importunar os filhos de Israel.

Loucuras de Herodes

Tudo no tempo de Herodes prosperou, porém seu reino foi muitas vezes manchado com tragédias familiares.

Alexandra e Mariana conseguiram que seu guarda Soemus lhes confiasse o segredo de Herodes. Salomé, pela segunda vez, denunciava sua cunhada. Herodes mandou executar sua idolatrada esposa. Depois desse crime sem paralelo na história, Herodes é vítima de cruéis remorsos ao lembrar-se da inocência de sua amada Mariana. Retira-se praticamente louco à vida privada. Alexandra, que acusara Mariana para ganhar sua liberdade, viu na retirada e enfermidade de Herodes boa oportunidade para reconquistar o poder e restaurar a dinastia hasmoniana. Herodes soube desses intentos e dentro de poucas horas Alexandra foi executada.[1]

Herodes agora fazia tudo para agradar o Imperador. Deu mão forte ao partido helenista de Jerusalém. Os judeus agora adotaram costumes gregos e romanos. No monte Santo, para onde Davi levou a Arca, Herodes levantou teatro e anfiteatro, onde se realizavam jogos em honra do Imperador. Ali se multiplicaram os concursos dramáticos e musicais, corridas de carros e de cavalos, lutas sangrentas dos gladiadores, feras, atletismo e outras imitações de romanos e gregos. Os judeus se alarmaram com os teatros e Herodes mostrou-lhes que lá não havia ídolos.

Dez zelotes juraram matar Herodes. Descoberta a conspiração, os zelotes foram barbaramente executados. As mãos de Herodes estavam manchadas de sangue inocente. Não só na Judeia se praticavam injustiças, mas em todo o mundo, que marchava dessa maneira, e rapidamente, para o advento do Messias.

---

[1] JOSEFO, Flávio. *História dos hebreus*, XI, 652-658. Josefo descreve minuciosamente a prisão e a morte de Mariana e a louca paixão de Herodes.

Período de reconstrução

Herodes, como todos os tiranos, procurava encobrir seus crimes, construindo cidades, reconstruindo templos etc., a fim de ganhar a simpatia dos súditos.

Ele reconstruiu o velho palácio dos hasmonianos, levantou os muros de Jerusalém e construiu uma fortaleza, Antônia, em memória de seu amigo Marco Antonio.

Uma vez reconstruídas as fortalezas nos pontos estratégicos de seus domínios, Herodes tratou de fortificar-se nos mares. Junto ao forte de Estrabão, Herodes construiu um dique de uns 18 metros com lápides colossais. Levantou depois magnífica e encantadora cidade, seguindo o estilo greco-romano. Não faltaram ali o teatro e anfiteatro, e um majestoso templo com duas colossais estátuas de Augusto. A cidade chamou-se Cesareia, em honra a Augusto. Foi povoada principalmente de gregos. Herodes pretendia transferir a capital de seus domínios para lá. O maior valor da cidade foi o de facilitar as comunicações entre a Judeia e Roma.

Herodes era um requintado pagão. Sentia-se profundamente atraído pelo culto romano. Dominado por esse desejo, mandou construir em Pánium, noroeste da Galileia, um templo de mármore branco, dedicado a Augusto. Nas proximidades desses territórios, seu filho Filipe levantou a cidade de Cesareia de Filipe, em honra de Tibério.

Sobre o muro noroeste da cidade, Herodes levantou novo e majestoso palácio para sua habitação. Ele nomeou de "César Agripa" as duas grandes dependências do edifício.

No ano 20, talvez 19 a.C., os judeus estavam congregados, celebrando a festa de Páscoa. O rei de Jerusalém compareceu à solenidade e prometeu-lhes reconstruir o templo. Flávio Josefo afirma que Herodes mandou destruir o templo erguido por Zorobabel e levantar um maior, estilo greco-romano, todo em mármore branco. O historiador de *Guerras judaicas* orgulha-se, e com ele os judeus, da magnificência do templo de Jerusalém. No Novo Testamento, os judeus se gloriavam de sua casa de adoração. Em 17 a.C. começaram a construção do templo e em ano e meio concluíram o Pórtico, o Santuário e o Lugar Santíssimo.

Na destruição da velha casa, tantas vezes profanada por estrangeiros, Herodes sorrateiramente ordenou que as genealogias de sacerdotes e sumos sacerdotes fossem destruídas. Os judeus quase morreram. Oito anos mais tarde, isto é, 8 ou 9 a.C., terminaram outras partes do templo. No tempo de Jesus, este templo não estava ainda terminado. Agripa II o concluiu em 65 d.C.; 5 anos depois, Jerusalém e o templo seriam destruídos mais uma vez, desta feita pelos romanos.

Essas foram as principais obras de Herodes. Todos os territórios de Israel foram beneficiados por Herodes com lindas e aprimoradas construções.[2]

Novas etapas

Os dois filhos de Mariana foram educados em Roma, graças ao prestígio de Herodes com Augusto e seu ministro Agripa.

---

[2]Herodes, o Grande, foi um administrador sem igual. Além da reconstrução de Jerusalém e da remodelação do templo, ele construiu Samaria, com o nome de Sebaste, e Cesareia do Mar. Fez uma estrada maravilhosa ligando Sebaste a Cesareia. Parece que sua intenção era transferir a capital dos judeus de Jerusalém para Sebaste. Construiu a Fortaleza de Maquero, onde João Batista foi executado por um descendente de Herodes, o Grande. Por toda a Palestina, ele ergueu obras notáveis e até mesmo fora dos territórios de Israel fez notáveis construções.

Temendo uma nova conspiração contra sua vida, por parte dos fariseus e dos essênios, o rei exigiu desses dois partidos, ou melhor, seitas, um juramento de fidelidade. Manteve-se ao mesmo tempo um serviço perfeito de espionagem e os murmuradores eram encarcerados na prisão de Hircunia, "Bastilha de Herodes", e dali desapareciam. Centenas de vítimas foram torturadas ali.

No ano 25 a.C., a Judeia foi assolada por tremenda seca, semelhante à do tempo de Abraão, Jacó, Elias etc. Herodes, querendo ganhar a simpatia dos judeus, mandou vir do Egito trigo, milho etc. e distribuiu pelo povo. Para esse ato magnânimo de filantropia, viu-se obrigado a vender decorações e outras preciosidades de seu palácio. Providenciou também sementes para o ano seguinte. Era sem dúvida um gesto nobre, mas o povo já conhecia seu monarca e não se iludia com suas manifestações de bondade. Após a seca, Herodes se casa com a filha de um sacerdote chamado Simão, que passa a ser sumo sacerdote em lugar de Josué. Nesse tempo, um novo palácio foi construído.

Em recompensa por ter auxiliado Agripa com poderosa frota, Herodes recebeu um território ao oriente do mar da Galileia. Conseguiu também do ministro de Augusto a restauração dos impostos para os judeus da Dispersão. Desde aquele tempo, os dispersos foram obrigados a pagar a quarta parte das contribuições anuais.

Mais loucuras e crimes

Herodes perpetrou um dos atos mais vis de sua vida. Aristóbulo e Alexandre, seus dois filhos com Mariana, ganhavam naturalmente a simpatia dos judeus. No princípio, Herodes nada suspeitou. Casou Aristóbulo com Berenice, filha de sua irmã Salomé, e Alexandre com

Glafira, filha de Arquelau, rei da Capadócia. Salomé e Feroras, seus irmãos, incutiram-lhe na cabeça que os dois filhos de Mariana disputavam-lhe o trono. Antípater, primeiro filho de Herodes com Dóris, de quem se divorciara para casar-se com Mariana, tramou contra seus irmãos e os acusou injustamente a seu pai. Herodes foi a Roma, levando em sua companhia o renomado orador Nicola Damasceno. Seu objetivo em Roma era ganhar ainda mais o favor de Augusto e de Agripa, a fim de conspirar livremente contra Alexandre e Aristóbulo. Tudo aconteceu como o perverso arquitetara.

Os judeus estavam reunidos celebrando a Festa dos Tabernáculos. O rei dirigiu-lhes uma fala, dizendo-lhes que Antípater seria seu sucessor no trono da Judeia. A nova causou desagrado geral dos judeus, que viram em Aristóbulo ou Alexandre a esperança de um governo mais judeu. Os príncipes foram novamente acusados. Herodes prendeu-os, também seus escravos e outras pessoas. Exigia deles confissão de culpa de Alexandre e Aristóbulo. Nada afirmaram. Foram então torturados e executados. Tal foi a impiedade de Herodes que Alexandre não mais suportou e disse que ele era culpado. Herodes levou os dois a Saturnino e Volúnio, governadores romanos da Síria, que os condenaram sem ouvi-los. Depois de condenados, mandou enforcá-los. Pereciam, assim, os dois remanescentes hasmonianos e com eles morria a esperança dos judeus de um rei nacional.

O ímpio soberano segue multiplicando seus crimes. Corria o ano 6 a.C. Herodes mandou colocar no santuário do templo uma "Águia de Ouro", símbolo do Império Romano, e gravar no pórtico o nome de Agripa. Os judeus se ofenderam com isto e se revoltaram. Herodes é vítima de repentinas enfermidades. Todos pensam que os últimos dias da Fera se aproximam. Animados com essa notícia, os judeus vão ao templo de dia e, na presença de centenas de pessoas, arrancam a tal águia. São presos e conduzidos à presença de Herodes que os condena à fogueira.

Herodes está velho e bastante arqueado pelos anos. Seu filho predileto Antípater une-se a Feroras e organiza uma conspiração contra o rei. A esposa de Feroras chefia um movimento de 7.000 fariseus contra Herodes. Todos esses planos são descobertos. Herodes trata Feroras com tanta brandura que ele chegou a desistir dos seus planos revolucionários. Pouco depois, Feroras viria a morrer (alguns afirmam que Herodes o envenenou); antes de morrer, porém, contou à Fera os segredos da conspiração. Antípater está em Roma e embarca com destino à Judeia com o propósito de liquidar o próprio pai. Em vez disso, é preso e levado à Síria, onde é julgado e condenado. O processo foi enviado a Augusto para a confirmação da sentença. Enquanto se aguarda a confirmação do sumo pontífice, Herodes piora no seu estado de saúde. Seu corpo cobre-se de chagas. As águas térmicas nada lhe valem. Nesse desespero de causa, manda encarcerar todos os membros do Sinédrio e ordena aos soldados que, aos primeiros rumores de sua morte, executem esses magistrados, para que houvesse pranto e lamento no dia da sua morte.

O caso de Antípater ainda não estava resolvido quando o ambicioso monarca é surpreendido com a chegada de uma caravana de sábios que lhe fazem esta pergunta: "Onde está o rei dos judeus recém-nascido?" (Mt 2.2). Herodes ficou profundamente alarmado. Um coração como o seu retalhado pela dor do remorso de haver matado os remanescentes hasmonianos ouve agora a respeito de um rei judeu. É inexplicável! Reúne os sábios e inquire deles o lugar de nascimento do rei judeu. "Belém", é a resposta. Envia para lá os magos, pedindo-lhes que voltem a fim de informá-lo para que também vá e adore o novo Rei. Herodes espera o retorno dos sábios. Vendo-se ludibriado, manda assassinar os pequeninos de Belém, aumentando assim o número de suas vítimas.

Ao cabo de muitos dias, o povo é surpreendido com a sentença de Augusto a respeito de Antípater. O Imperador entregava Antípater a seu pai a fim de que fizesse dele o que bem entendesse. Herodes envia-o ao exílio. Depois dessa sentença, Herodes tentou suicidar-se. Correu célere a notícia de sua morte. Ao saber dela, Antípater procurou subornar seu carcereiro; este, porém, o denunciou a Herodes; em agonia, mandou executar o filho predileto. Ao saber da execução de Antípater, Augusto proferiu esta frase: "Prefiro ser porco dos judeus a ser filho de Herodes".

A morte de Herodes

Cinco dias depois da execução de Antípater, Herodes morria em grandes e apavorantes agonias. A data, segundo alguns historiadores, foi 4 a.C. Terminaram assim os dias do monstro Herodes, que tanto mal fez aos judeus, principalmente aos próprios filhos. Os funerais de Herodes foram dos mais pomposos e duraram sete dias.

Considerações sobre a vida de Herodes

Herodes foi feroz, cheio de vícios, pagão, inconstante, maleável e, sobretudo, perverso. Podemos encontrar na sua vida todos os defeitos e erros que quisermos. Não obstante esses horrores, somos obrigados a reconhecer-lhe algum mérito ou valor: manteve a paz em seus territórios; seu reinado foi grandioso; sua admiração foi das mais generosas; sua política externa foi das melhores; era prestigiadíssimo por Augusto e seu ministro Agripa. Dotado daquele senso de estadista, político, soube tirar partido de todas as circunstâncias, mesmo nas mais difíceis. William Smith diz de seu caráter:

> Atrevido, mas prudente; opressor, porém pródigo. Demonstrou muitas características que o tornaram um herói popular. Seu título, que em princípio se lhe deu pela admiração que seu despotismo provocou, serviu depois para contrastar o terrível preço que havia pago pelo êxito alcançado.[3]

Herodes, o Grande, apesar de seus crimes e crueldades, foi um instrumento nas mãos de Deus, ajudando a preparar o mundo para a vinda do Messias. Ele matou até o último descendente dos hasmonianos. Estes, com tanta glória, seriam uma grande dificuldade ao nascimento e à obra do Messias. Não fora a energia e a impiedade de Herodes, os hasmonianos estariam divididos, enfraquecidos e lutando contra os planos de Deus. Os hasmonianos não saberiam libertar-se do jugo, tampouco sustentar a sábia política com os romanos. Jesus nasceu num tempo quando havia paz na Palestina e seu ministério processou-se num ambiente de calma e prosperidade.

Herodes matou quase todos os de sua família. Acabou também com os ladrões e salteadores de seus domínios. Antes de Herodes morrer, João Batista, o Elias de Malaquias, nasceu nos desertos da Judeia, e o Senhor Jesus Cristo em Belém.

---

[3] SMITH, William. *Entre los dos Testamentos*, p. 95.

Os fatos nos autorizam a dizer que Herodes, até certo ponto, foi um homem que serviu à Providência. Deus transformou muitíssimas de suas maldades em bênçãos para o mundo.

Os sucessores de Herodes e o povo de Deus

Herodes, por testamento, deixou seu reino primeiro a Herodes Antipas, transferindo-o depois a Arquelau, ambos filhos de Máltace.

Após os funerais do pai, Arquelau veio ao templo oferecer sacrifícios e ouvir queixas dos judeus. Por fim, assumiu o governo da Palestina. Seu irmão, Herodes Antipas, revoltou-se com a atitude de seu irmão, e ambos se dispuseram a ir a Roma e apresentar o caso a Augusto.

Quando Arquelau estava em Cesareia, esperando embarcar para Roma, defronta-se com Sabino, procurador romano da Síria, que ia a Jerusalém reclamar os tesouros que Herodes, o Grande, deixara para o Império. Arquelau entra num acordo com ele e suplica o favor de Varo, prefeito da Síria. Arquelau parte para Roma; Sabino e Varo, para Jerusalém. Os zelotes se amotinaram em Jerusalém, querendo vingar os 3.000 judeus trucidados por Arquelau. Varo os dispersa. Os zelotes cercam Sabino na Torre Antônia. Varo socorre Sabino com duas legiões romanas e árabes, derrota os judeus e crucifica 2.000 zelotes, enviando outros a Roma.

Nesse ínterim, Augusto confirma Arquelau no governo da Judeia como etnarca. Ele governaria Judeia, Idumeia e Samaria. Salomé recebeu Jânia, Azoto, Fáselo e Ascálon. Herodes Antipas ficou com Galileia e Pereia. Filipe recebeu a tetrarquia de Auranitis e Traconites (nessa ocasião, José e Maria souberam que Arquelau ficaria com a Judeia.

Conhecendo seu caráter e ferocidade, foram para a Galileia, para o brando governo de Herodes Antipas).

Arquelau desencadeou sobre o país um dilúvio de atrocidades, pelo que os judeus resolveram apelar para Augusto, e Arquelau foi deposto do governo e desterrado para Viena em 7 d.C. Desde a morte de Arquelau, a Palestina tornou-se uma província romana, sob o controle do prefeito da Síria. Roma mantinha na Palestina um juiz ou governador. Depois da morte de Augusto, Valério Grato foi para Jerusalém; Pôncio Pilatos foi em 26 d.C.

Herodes Agripa II, o tetrarca da Galileia, era um rei nominal: casou-se com Herodias, esposa de seu irmão, Herodes Filipe I. João Batista denunciou-lhe este pecado, e Herodes Agripa II mandou prendê-lo em Maquero (ou Maquerus) e depois decapitá-lo.

Herodes Antipas procurou ser o protetor dos judeus. Quando Pilatos derramou sangue dos galileus, Antipas se opôs ao governador romano. Cortaram relações e só a reataram no julgamento de Jesus.

Considerações finais

Gostaríamos de prosseguir nessas dissertações da história dos judeus até o ano 70 d.C., quando Jerusalém foi destruída por Tito e o Estado judaico desapareceu, mas isso extrapolaria os limites do Período Interbíblico. Como dissemos no início deste capítulo, o Período Interbíblico tem início com a interrupção da atividade profética entre o povo de Deus, o que se deu com o profeta Malaquias, e se estenderia até o começo do ministério de João Batista. Assim, o que tratamos até o momento, com recortes históricos significativos, apresenta, em linhas gerais, os principais acontecimentos históricos desse período.

7
Seitas político-religiosas

No Período Interbíblico apareceram seitas político-religiosas completamente estranhas ao Antigo Testamento. Algumas dessas seitas tiveram origem no tempo que os judeus passaram no exílio babilônico; outras apareceram de acordo com as circunstâncias pelas quais os descendentes de Davi foram passando na conjuntura política, social e econômica dos dominadores.

Escribas

Etimologicamente vem do hebraico *sofer* (plural: *soferin*); em grego é *gramateús*, *nomikoi* e *nomodidaskaloi*. Josefo registrou *ierogrammateis*. No Antigo Testamento, o "escriba" desempenhava algumas funções:

1. O escriba real (heb. *há-sofer*, *sofer há-melek*) redigia as ordens e mandados reais. Era um funcionário público, um alto dignitário, também chamado de "escrivão" (2Sm 8.17; 2Rs 2.11; 18.18; 19.2).
2. Como escrivão-mór, alistava os homens para a guerra (2Rs 25.19; 2Cr 26.11; Jr 52.25).

3. Um organizador de tropas para a guerra (Jz 5.14).
4. Um recebedor de tributos (Is 33.18).
5. Um perito no Livro Santo, o escriba sagrado (1Cr 27.32; Ed 7.6,11,12,21; Ne 8.1,4,9,13; 12.26,36; Jr 8.8; 36.10).

No princípio, copiar a Lei e interpretá-la era função do sacerdote. Com o passar do tempo, a função se desdobra. Esdras, por exemplo, era sacerdote e escriba (Ne 8.9). O escriba, como aparece no Novo Testamento, ou seja, membro de um bloco político, apareceu depois do exílio babilônico. O texto de 1Crônicas 2.55 dá-nos a entender que os escribas se reuniam em família e associações. No tempo de Ben-Sirac, século II a.C., eles ainda não formavam um partido político. Mas pelas pressões de Antíoco Epífanes, os escribas se uniram e se tornaram um bloco político ao lado dos fariseus, e é assim que os encontramos no Novo Testamento. Havia escribas em toda a terra de Israel (Lc 5.17), na Babilônia durante o exílio e até em Roma.

Durante o cativeiro babilônico, os judeus recorreram à religião para preservar sua integridade nacional. Por isso, tudo foi centralizado na Lei de Deus. Os escribas se dedicaram a copiá-la e vieram a ser peritos, doutores e intérpretes da Lei. Foram seus grandes mestres e comentaristas. Esses comentários foram o alicerce da Mixná, do Talmude e dos textos *agádicos*, da *Hagadah*.

Os escribas originaram a sinagoga. Alguns eram membros do Sinédrio (Mt 16.21; 26.3). Sua função era tríplice:

1. Preservavam a Lei. Eram os legítimos guardiães em todo o tempo, mas principalmente no período helenístico, quando o sacerdócio se pervertera.

2. Eram mestres da Lei. Eles reuniam um bom número de discípulos que se comprometiam a aprender a interpretação da Lei e passá-la adiante. Faziam conferências no templo (Lc 2.46; Jo 18.20).
3. Eram "doutores" e "mestres" da Lei. Cabia-lhes a responsabilidade de administrar a Lei como juízes do Sinédrio (Mt 22.35; Mc 14.43,53; Lc 22.62; At 4.5). Segundo Josefo, "Doutor da Lei" e "escriba" são sinônimos.[1]

Um pequeno número de escribas pertencia à seita dos saduceus; a maior parte alinhava com os fariseus. Ambos foram alvos da condenação do Senhor Jesus, em Mateus 23. John Broadus afirma: "Suas instruções e decisões práticas eram nesse tempo muitas vezes o resultado do seu próprio pensar; pois que consistiam de ditos vindos tradicionalmente desde os primitivos mestres, ou decisões dos tribunais dos tempos primitivos".[2]

Os escribas que se ocupavam do ensino eram chamados de "rabis" ou "rabinos". Archibald Thomas Robertson acha que os "escribas eram estudiosos e mestres da Lei oral e escrita e correspondiam ao que porventura hoje reunisse em si as funções de professor e jurisconsulto".[3]

Jesus "ensinava com autoridade e não como escribas do povo" (Mt 7.28,29). Ele lhes condenou o formalismo (Mt 23). Por tudo isso, os escribas se opuseram a Jesus. Eles perseguiram Pedro e João (At 4.5) e participaram do

---

[1] JOSEFO, Flávio. *Antiguidades*, XVIII, 1, 4.
[2] BROADUS, John. *Comentário de Mateus*. Vol. 1. Rio de Janeiro: Casa Publicadora Batista, p. 74.
[3] ROBERTSON, A. T. *Estudos no Novo Testamento*. Rio de Janeiro: Casa Publicadora Batista, p. 41.

martírio de Estêvão (At 6.12). Alguns deles, entretanto, creram em Jesus (Mt 8.19).

No quarto evangelho, o de João, a palavra "escriba" não aparece uma só vez.

Fariseus

O nome "fariseu", no grego *farisaios*, vem do adjetivo aramaico que significa "separado", "dividido". Talvez seus inimigos tenham cunhado esse nome, pois os fariseus viviam separados do povo temendo a imundície. Eles gostavam de chamar-se *haberin*, "companheiros", ou *qedosim*, "santos".

Esdras entregou-se à pesada tarefa de ensinar a Lei ao povo. Ele teve legítimos continuadores de seu importante trabalho. Aqueles que continuaram ensinando a Lei ao povo foram chamados *hasidhim*, que significa "leais a Deus".

Quando apareceram? Flávio Josefo faz referência a "fariseus" como seita já existente em 145 a.C. Entretanto, autores como Broadus, Stewart, Mc Ginty, Rodrigues, Dana, Smith, Robertson, entre outros, nada adiantam sobre a origem da famosa seita. O nome "fariseu" não ocorre no Antigo Testamento. Isso, entretanto, não significa que a seita não existisse. R. G. Stewart admite a existência dos *hasidim* no tempo do profeta Malaquias.[4] *O novo dicionário da Bíblia* diz que o nome "fariseu" aparece pela primeira vez nos contextos dos primeiros reis-sacerdotes hasmonianos.[5]

Provavelmente os *hasidim* se dividiram. Uma minoria se opôs de forma enérgica e categórica contra a ilegitimidade

---

[4]STEWART, R. G. *Commentario Esegetico Pratico dei Quattro Evangeli: Mateo*. Torre Pellice: Libreria Editrice Claudina, 1929, p. 26.
[5]ELLISON, H. L. "Fariseus". Em DOUGLAS, J. D. *O novo dicionário da Bíblia*. 3ª ed. rev. São Paulo: Vida Nova, 2006, p. 495.

do sumo sacerdócio imposta pelos selêucidas e depois por Herodes, o Grande, e acabaram sendo chamados de "separados". Essa minoria levantou-se no seio da comunidade de Israel, composta de homens do *hasidhim*, poderosos guardiães da Lei de Moisés. Foi a frente de resistência ao helenismo pagão e idólatra. Esse grupinho pertencia aos "escribas", homens que copiavam e, portanto, conheciam a "Lei". Reconhecidos com o passar dos tempos como "separados", "puritanos", "zelotes". Eles evoluíram até chegar ao fariseu tradicionalista e exclusivista do Novo Testamento.

Há dois grupos terrivelmente antagônicos desses "fariseus": separatistas e liberais. O primeiro se opunha terminantemente às influências helenísticas na Palestina, enquanto o segundo era favorável. Nas Guerras Macabeias, os "separados" combateram ao lado de Judas para resistir ao ambicioso Antíoco Epífanes.

Sabemos que os hasmonianos eram fariseus, pertenciam ao grupo de resistência. João Hircano, porém, estando numa roda de fariseus, perguntou-lhes: "Que mal vos faço e qual o meu erro, podeis apontar-mo?" Respondeu-lhe um fariseu: "Já que perguntas isso, despe-te do sumo sacerdócio e contenta-te com o poder civil". João Hircano cortou relações com os fariseus e tornou-se saduceu desde aquele momento.

Jesus repreendeu e condenou os pecados dessa seita e responsabilizou-a por tantos crimes e injustiças e hipocrisia nos seus dias.

Há três fontes que nos ajudam a compreender o fariseu dos dias de Jesus: as obras de Flávio Josefo, o Novo Testamento e a *Mixná* (a primeira parte do Talmude; a segunda chama-se *Gemara* ou *Suplemento*).

Devemos atentar para a *Mixná*. Trata-se do resumo das tradições judaicas sobre o ritualismo. Até a época do rabi Jeúda, o Santo, de Tiberíades, do século II d.C., a *Mixná* era repetida oralmente, mas depois foi copiada e enfeixada em um volume. Divide-se em seis partes:

1. *Zerain*, sobre a semente e o cultivo da terra em geral.
2. *Moed*, sobre as festas.
3. *Nashkin*, sobre as mulheres, matrimônio e divórcio.
4. *Nezikim*, sobre litígios, contratos e obrigações comerciais.
5. *Kodashim*, sobre as coisas sagradas, sacrifícios, serviços no templo etc.
6. *Joharot*, sobre as pessoas e coisas impuras.

A *Mixná* afirma o seguinte sobre a lei oral: "Moisés recebeu a lei (oral) no Sinai e transmitiu-a a Josué; Josué aos anciãos; os anciãos aos profetas; e os profetas aos homens da sinagoga".

Ao lado da "lei oral", os fariseus acrescentaram certos corolários, para explicar a lei, que se tornaram acréscimos insuportáveis aos judeus. Jesus os condenou por guardarem "preceitos e doutrinas de homens" em detrimento da verdadeira Lei do Senhor.

As obras de Flávio Josefo revelam as principais doutrinas dos fariseus:

> A lei oral, dada por Deus a Moisés sobre o Monte Sinai, por intermédio do anjo Metratone (um anjo incriado), transmitida à posteridade por meio das tradições, tem a mesma autoridade que a lei escrita. Observando esta lei, não somente obtém a justificação de Deus, mas pode

alcançar obras meritórias. Os jejuns, as esmolas, as oblações etc. expiam suficientemente o pecado. Pensamentos e desejos não são pecaminosos, a menos que se transformem em atos. Deus é o criador dos céus e da terra, e governa todas as coisas, até mesmo os atos dos homens, com a sua providência.[6]

Josefo diz que os fariseus, pelo seu comportamento "impecável", produziam boa impressão entre o povo; eram austeros e ao mesmo tempo gentis, além de benevolentes no julgamento dos semelhantes.
As principais doutrinas dos fariseus eram:

1. Livre-arbítrio do homem, assim criado por Deus.
2. A alma é imortal. Após a existência terrena, continua vivendo e nunca morre.
3. A ressurreição do corpo (At 23.8).
4. A existência de anjos (At 23.8).
5. Todas as coisas são dirigidas pela providência divina.
6. No mundo além, os justos serão recompensados e os maus castigados.
7. Os maus serão presos em cadeias eternas, enquanto os justos desfrutarão a vida eterna.
8. Além da alma humana, existem outros espíritos: bons e maus.

Além da Lei, os fariseus guardavam preceitos de homens, que Jesus chamou de vã tradição (Mc 7.8,9). Esses mandamentos da tradição foram registrados e

---

[6]JOSEFO, Flávio. *Antiguidades*, XII, 5, 9; XIII, 10, 5,6; XVII, 2, 4; XVII, 1, 3; Guerras judaicas, II, 8, 1; *Guerras judaicas*, II, 8, 14; III, 8, 5.

catalogados no Talmude. Eles colocavam essa "tradição" de homem acima da Lei de Deus (veja Mc 7.1-23). Essa casuística multiplicou os preceitos humanos. Chegaram a ter 613 mandamentos, sendo 248 negativos e 365 positivos. Exageravam em todos os preceitos de sua vazia tradição. Jesus diz que "amontoavam fardos" nos ombros do pobre pecador (Lc 11.46). Em duas coisas carregaram nas cores de suas práticas tradicionalistas: no sábado e nos dízimos. Quanto ao sábado — ordenança mosaica —, não há dúvida, mas cercaram-no de mil preceitos, que era quase impossível observá-los. Nesse dia, não podiam andar mais de mil passos (é chamada a "jornada de um sábado"). Não podiam transportar um figo seco, nem mesmo um lenço. Não comiam ovo, temendo que houvesse sido posto num sábado. Tinham 39 princípios proibitivos sobre a guarda do sábado. Opuseram-se a Jesus porque ele colheu espigas no sábado e também curou enfermos. A ênfase farisaica especial era sobre o dízimo. Eram minuciosos nessa prática. Dizimavam tudo, até o endro, o cominho, a hortelã — as coisas mais pequeninas. H. L. Ellison, preletor e escritor sobre o Antigo Testamento, afirma: "Para o fariseu, o dízimo completamente pago era sinal de lealdade a Deus".[7]

Os fariseus nos dias de Jesus desfrutavam de grande prestígio entre o povo. Todos os consideravam grandes mestres e homens piedosos. Os fariseus eram acreditados junto ao povo; os saduceus, junto aos romanos.

"Os fariseus", diz John A. Broadus, "no seu zelo fanático pela lei das purificações, e as regras que a tradição lhes

---

[7]ELLISON, H. L. "Fariseus". Em DOUGLAS, J. D. *O novo dicionário da Bíblia*, p. 496.

acrescentara, evitavam todo o contato com 'os pecadores', isto é, pessoas que abertamente violavam a lei (Lc 7.39), e não admitiam que Jesus fizesse o contrário (Lc 9.11; 15.2). Em razão disso, quando voltavam do mercado, tendo como possível que tivessem tocado alguma pessoa ou coisa 'cerimonialmente' impura, procediam uma completa purificação imergindo-se antes de comer (Mc 7.4)".[8]

A luta mais terrível do Filho de Deus foi com os fariseus. Grandes batalhas foram travadas. Entretanto, Jesus comeu em casa de um chefe fariseu (Lc 14.1); Nicodemos visitou o Senhor certa noite e, parece-nos, na companhia de outros fariseus (Jo 3.1); Nicodemos e José de Arimateia sepultaram o Senhor Jesus (Lc 23.50-51; Jo 19.38-39); Gamaliel, ilustre fariseu, defendeu os cristãos (At 5.34-39); Paulo era fariseu e educado aos pés de Gamaliel (At 22.3); e afirma ser fariseu segundo a Lei (Fp 3.5); houve fariseus que seguiam a Jesus (At 15.5).

De modo principal, foram os fariseus que prepararam o terreno para que Jesus fosse crucificado. Eles o fizeram torcendo a verdadeira Lei de Moisés e baseando-se nos preceitos e doutrinas forjados pelos homens. Não foram eles, entretanto, e sim os zelotes, os responsáveis pela resistência judaica aos romanos, que culminou na destruição de Jerusalém do ano 70 d.C.

No tempo de Herodes, o Grande, o número de fariseus somava mais ou menos 6.000. Suas doutrinas rígidas afastavam o povo, exatamente como Jesus declarou em Lucas 11.52.

---

[8]BROADUS, John. *Comentário de Mateus*. Vol. 1. Rio de Janeiro: Casa Publicadora Batista, p. 104.

Saduceus

Em grego *saddoukaíoi*; hebraico, *sadduquím*, e de modo nenhum pode derivar do adjetivo *saddiq* (justo). Segundo E. Manson, o vocábulo vem de *súndikos* ("advogado", "defensor da justiça"), pois eram membros do Sinédrio. O nome parece derivar de *Sadoq*, que na Septuaginta se lê *Saddouk*, geralmente vertido por "Zadoque" (Ez 40.46; 44.15).[9] Trata-se do sumo sacerdote que Salomão colocou em lugar de Abiatar (1Rs 2.27-35). A linhagem de Zadoque permaneceu no sumo sacerdócio até o cativeiro babilônico (1Cr 6.8-12). Depois do exílio, quando Jerusalém foi restaurada, os descendentes de Zadoque continuaram no sumo sacerdócio (Ne 11.10; 13.13). A família sumo sacerdotal governante dos hasmonianos não era zadoquita (*1Macabeus* 2.1; 14.29). Parece mais provável que "saduceu" tenha derivado de "Zadoque", ainda que haja divergências.

O novo dicionário da Bíblia resume o importante assunto do seguinte modo:

> Quatro teorias sobre a origem dos saduceus podem ser esboçadas de modo superficial. M. H. Segal, seguindo Wellhausen, pensava que fosse principalmente um partido político, derivado em última análise dos judeus helenistas. G. H. Box, seguindo Geiger, pensava que fosse um partido religioso, e que alguns dos escribas nos evangelhos, eram escribas saduceus. L. Finkelstein pensava que tivessem sido originalmente um grupo aristocrático, em oposição aos fariseus citadinos. T. W. Manson julgava que tivessem sido originalmente funcionários públicos.[10]

---

[9] A *Bíblia de Jerusalém*, edição católica romana, traz "Sadoc".
[10] GELSTON, A. "Saduceus". Em DOUGLAS, J. D. *O novo dicionário da Bíblia*, p. 1.203.

Joseph Angus diz que "os saduceus eram os verdadeiros *tsadikins*, os homens que insistiam mais na prática da moral do que no cumprimento da lei cerimonial".[11]

A meu ver, porém, os saduceus saíram daqueles judeus "liberais" da Babilônia que se acomodavam às circunstâncias daquele país e contra quem se levantou o grupo reacionário dentre os escribas, primando pela pureza da Lei do Senhor. Os primeiros no decorrer dos tempos se tornaram os saduceus, e os últimos, os fariseus. A julgar pelas tendências e doutrinas de cada seita ou partido, nossa teoria merece alguma consideração.

No tempo de João Hircano, as duas seitas desfrutavam de consideração entre o povo. Os hasmonianos sempre foram fariseus; João Hircano, porém, tornou-se saduceu. Josefo conta o motivo: durante um banquete, Hircano pediu conselho acerca da perfeição. Um fariseu lhe disse então: "Abandona o sumo sacerdócio, visto que tua mãe foi escrava e isto contraria as prescrições rabínicas para exercer o cargo". Hircano ficou furioso e perguntou que pena deveria dar a esse atrevido fariseu; os demais responderam: açoites e prisão. Hircano declarou todos os fariseus cúmplices e passou para o lado dos saduceus. Daí em diante, os saduceus se mantiveram no sumo sacerdócio.

A *Enciclopedia de la Biblia* diz que "saduceísmo não era uma seita no sentido real da palavra; não tinham uma doutrina especial e distinta do judaísmo; era mais um partido político-religioso. Engrossavam suas fileiras as classes abastadas e abertas à cultura e progresso de outros povos, e a isto se opunham os fariseus".

---

[11] ANGUS, Joseph. *História, doutrina e interpretação da Bíblia*. Vol. 2. Rio de Janeiro: Casa Publicadora Batista, 1953.

Podemos resumir nos seguintes pontos os aspectos mais importantes da sua linha doutrinária que se chocavam com o ritualismo dos fariseus:

1. Aceitavam somente a lei escrita. Rejeitavam os preceitos orais e tradicionais dos fariseus. Jerônimo afirmou que os saduceus aceitavam apenas o Pentateuco, o que parece confundi-los com os samaritanos.
2. Josefo é uma fonte de abundantes informações sobre os fariseus. Visto, porém, que era fariseu, não podemos aceitar tudo o que diz de seus adversários. Os saduceus negavam a providência divina e aceitavam o rigoroso e férreo fatalismo.
3. Negavam, igualmente, tanto a recompensa como o castigo após a morte.
4. A alma para eles não existia. Com a destruição do corpo, tudo está terminado. Na literatura rabínica encontramos esta máxima: "Como a nuvem se desfaz, e desaparece, assim o homem desce à sepultura e jamais voltará".
5. Negavam a ressurreição (At 23.8; cf. Mt 22.23-33).
6. Negavam a *Halakah* (conjuntos de preceitos práticos, normas rituais e jurídicas). Interpretavam o Antigo Testamento, e de modo particular a Torá, ao pé da letra, por causa de sua posição relativa à lei oral.
7. Não criam em anjos, bons ou maus (At 23.8).
8. Não criam na existência do céu, nem do inferno.
9. Não acreditavam na existência do Diabo.
10. Havia profunda divergência entre saduceus e fariseus sobre o dia da celebração da Páscoa e do Pentecostes. Quando a Páscoa caía numa sexta-feira, os saduceus retardavam para o sétimo dia. Os fariseus, entretanto,

celebravam de acordo com o calendário. Hillel (25 a.C.) diz que para o fariseu a imolação dos cordeiros pascais era um sacrifício público, maior, portanto, que o repouso sabático; para o saduceu, era um sacrifício privado e que violava o sábado. A festa do Pentecostes para os saduceus tinha de coincidir sempre no primeiro dia da semana. Como havia entre a Páscoa e o Pentecostes um inter-repouso de 50 dias, eles adiantavam ou atrasavam o calendário.

Com relação a Jesus, os saduceus não tiveram com ele as grandes batalhas como os fariseus. Temos poucas referências deles no Novo Testamento (Mt 3.7; 16.1,11,12; 22.23; Mc 12.18; Lc 20.27; At 4.1; 5.17; 2.6-8). Alinhavam mais no campo político do que o religioso.

Essênios

O nome vem do grego *essênoi*, *essaioi*, *ossaioi*; talvez venha do aramaico *asên*, *assayyâ*, plural de *asê*, *asyâ* = curador.[12] Trata-se de uma comunidade religiosa judaica que floresceu entre o século I a.C. e século I d.C. *O novo dicionário da Bíblia* afirma: "... a terceira das 'filosofias' ou escolas de pensamento judaicas enumeradas por Josefo"[13] (veja *Guerras judaicas* II, 8.2-13 e *Antiguidades* XVIII, 1,5).

Havia dois grupos de essênios. A *Enciclopedia de la Biblia* atesta a existência de um grupo essênio em Judá (Cumram) e outro talvez no Egito.[14] Tanto que E. F. Sutcliffe

---

[12]BRUCE, F. F. "Essênios". Em DOUGLAS, J. D. *O novo dicionário da Bíblia*, p. 457.
[13]BRUCE, F. F. "Essênios". Em DOUGLAS, J. D. *O novo dicionário da Bíblia*, p. 457.
[14]*Enciclopedia de la Biblia*, vol. 3, p. 143-150.

(articulista da referida *Enciclopedia*) começa o verbete com estas palavras: "Este artigo prescinde da questão referente à possibilidade de identificar os essênios como habitantes de Cumram".

Há 3 fontes principais sobre os essênios: Flávio Josefo (*Antiguidades* e *Guerras judaicas*), Filo de Alexandria (cuja obra se perdeu, embora Eusébio tenha preservado trechos em *Quod Omnis Probus Liber Sit*, 75-91, e *Hipothetica ap Eusebium*, *Evang VIII*, 2) e Plínio, o Velho (*História natural* V, 17).

Não é tarefa fácil descobrir o núcleo onde nasceu o essenismo. Com as descobertas do mar Morto, a partir de 1947, o problema ficou claro. Provavelmente os essênios nasceram dos assideus do Período Macabeu (veja *1Macabeus* 2.43; 7.13-17). Eram homens retos que, pressionados pela perseguição helenista, refugiaram-se no deserto. No princípio eram grupos isolados sem qualquer organização, nem política, nem religiosa. Talvez o "Documento de Damasco" se refira a essa primeira fase da história dos essênios. Esse documento faz alusão a um período em que um grupo do povo andou sem rumo por 20 longos anos, até que apareceu o "Mestre da Justiça", que organizou os essênios.[15] É bem provável que esse "Mestre da Justiça" tenha sido o autor das "Regras da comunidade e dos salmos de ação de graças".[16]

---

[15]*Documentos de Damasco* 1,9-11.

[16]O padre espanhol Manuel Jimenez F. Bonhome traduziu do aramaico para o castelhano a coletânea dos "Salmos" que os essênios cantavam e deu o título "Cantam los Essênios en el Desierto Vivo", vertido para nosso vernáculo pela poetisa Carmen de Mello. Não traz indicação de editora. No meu exemplar tem o autógrafo de D. Carmen com data de 11 de maio de 1977. Foi editado em Belo Horizonte. Excelente contribuição para conhecermos o movimento essênio de Cumram.

Esse Mestre da Justiça foi um sacerdote que contou com o apoio de outros sacerdotes que se separaram do templo de Jerusalém. Foi nesse tempo, segundo quartel do século II a.C., que a seita apareceu, ao contrário do que disse Filo: que os essênios existiram havia dezenas de séculos. Os documentos de Cumram referem-se a um sacerdote ímpio, talvez alusão a Jônatas (160-142 a.C.). Flávio Josefo refere-se também a Jônatas como sacerdote. Foi nos dias de Hircano I (134-104 a.C.) que se deu um acentuado progresso essênio no deserto da Judeia. Parece que o prédio da grande comunidade foi construído em Ain Feshah nessa época.

A arqueologia demonstrou que Cumram ficou abandonada por um lapso de tempo. Duas coisas são possíveis: 1) Os essênios se transferiram para Damasco (o *Documento de Damasco* refere-se a esse êxodo). 2) Pelo favorecimento de Herodes, o Grande, os essênios talvez se tenham integrado nas diversas cidades da Palestina. Morto Herodes, os essênios retornam ao deserto. Em 31 a.C., um terremoto destruiu Cumram. Tudo foi restaurado. Em 68 d.C., os soldados de Vespasiano destruíram a comunidade cumranista. Hoje existem somente as ruínas do que foi o glorioso passado desse povo austero e audaz.

Os essênios tinham uma vida comunitária peculiar, como afirma Flávio Josefo:

> Antes de levantar o sol, dizem uma palavra sobre termos comuns, mas recitam certas orações que recebem de seus pais; depois disso são enviados por seus superintendentes a exercitar as artes nas quais são peritos, e nestas trabalham com grande diligência até a hora quinta (11 horas da manhã). Então tornam a reunir-se todos no mesmo lugar, vestem túnicas, banham seus membros em água fria. Após esta

purificação, recolhem-se numa estância, na qual não se permite entrar pessoas de outra seita; e vão com garbo à sala de refeições, como se estivessem indo a um templo santo, e ali se sentam. Vem o padeiro e põe diante deles pães, mas com muita ordem; e o copeiro leva-lhes à um prato de comida, de uma só qualidade e põe na frente de cada um. Um sacerdote dá graças antes da refeição, sendo ilícito comer, sem antes ter dado graças; o mesmo sacerdote, terminada sua refeição, torna a render graças. Assim tanto ao começar alguma refeição como ao terminar, louvam a Deus, como aquele que lhes proporciona os alimentos.[17]

Os pontos capitais de sua vida comunitária são:

1. Mesa comum. Todos comem juntos e comem a mesma coisa.
2. Bolsa comum. O que é de um é de todos e o que é de todos é de um.
3. Vida cultural e ascética concebida em função da comunidade.
4. Dentro da comunidade os membros se dividem em "filhos de Arão" (os sacerdotes) e "filhos de Israel", os leigos.
5. Os leigos se dividiam em grupos de mil, de cem, de cinquenta e de dez.
6. Não se casavam. Filo diz: "Repelem o matrimônio praticando a continência perfeita, porque o consideram como obstáculo mais grave à concordância. Logo não tomam mulher, porque a mulher sempre se procura a si mesma, é inclinada demais ao ciúme e se aplica em seduzir os costumes dos homens,

---

[17] JOSEFO, Flávio. *Guerras judaicas*, II, 8,5.6.

atraindo-os com toda a sorte de sortilégios. Como uma comediante, ela encanta a vista e o ouvido e acaba por estragar o domínio da reta razão. Quando tem filhos, então, arranca por força o que tinha conseguido com seus encantos: tudo isso é hostil à vida comum. Um marido, um pai de família, não é mais um homem livre, mas um escravo".[18]

7. Possuíam uma hierarquia com poderes legislativo, executivo e judicial, exercidos pelos "filhos de Arão". Os leigos participavam de decisões em assembleia geral.
8. Dedicavam-se ao trabalho e à oração. Nas escavações da colônia essênia do mar Morto foram encontrados vestígios de seus trabalhos industriais; seu maior trabalho, entretanto, era agrícola.

Do ponto de vista doutrinário e prático, os essênios defendiam os seguintes tópicos:

1. Consideravam-se servos de Deus e não imolavam animais.
2. Viviam nas aldeias, fugindo à vida contaminada dos grandes centros.
3. Não se preocupavam em ajuntar tesouros.
4. Não fabricavam arco, flechas, espadas, lanças nem os possuíam.
5. Não se interessavam pelo comércio.
6. Todos são livres. Não havia escravos entre eles.
7. Quanto à filosofia, desprezam a lógica e seus termos rebuscados.

---

[18] *Apologia dos judeus*, citado por Eusébio na sua *História eclesiástica*.

8. Eram monoteístas convictos.
9. Aplicam-se com entusiasmo à prática da moral.
10. Guardavam o sétimo dia com zelo e trabalhos dedicados a Deus.
11. Ensinavam a piedade e a santidade.
12. Amavam a virtude.
13. Ensinavam a amar todos os homens.
14. Respeitavam os anciões.
15. Cuidavam com carinho e amor dos enfermos.
16. Referiram-se à "Nova Aliança" de Jeremias 31.
17. Conheciam com profundidade a doutrina de Isaías do "restante" de Israel. Criam que o Israel endurecido e claudicante não seria salvo, mas apenas um restante que havia sido qualificado por Deus.
18. Reconheciam suas limitações para praticar o bem e, por isso, confiavam na força de Deus.
19. Seus banhos rituais os ajudavam a se purificar e agradar a Deus.
20. Esperavam dois messias: um para o grupo de Arão, e outro para o grupo de Israel.
21. Acreditavam em anjos.
22. Aceitavam a ressurreição e vida além-túmulo.
23. Em doutrinas, seguiam fielmente a linha do Antigo Testamento.[19]

---

[19]No passado, os essênios foram ignorados; depois das descobertas de Cumram, em 1947, foram supervalorizados; e, por último, amesquinhados, como é o caso de tese do dr. Del Médico, especialista francês que chegou a duvidar da existência dos essênios. Para uma compreensão mais segura dos essênios, a obra do padre Manuel Jimenez F. Bonhome intitulada *Os misteriosos habitantes do deserto de Judá* é importante (não há indicação de tradutor nem de editora). Esse livro é excelente e será poderoso auxílio ao leitor. Outro livro que nos auxilia bastante no conhecimento dos essênios é o *Los Rollos Del Mar Muerto*, de Millar Burrows. Mexico/Buenos Aires: Fondo de Cultura Econômica, 1958.

Joachim Jeremias, especialista em Novo Testamento, faz o confronto entre "fariseus" e "essênios" e afirma que João Batista não foi essênio e que Jesus não copiou nada, absolutamente nada, dos essênios.[20]

Os essênios não são mencionados nem no Antigo nem no Novo Testamento.

Herodianos

Os herodianos eram um partido mais político que religioso. Eram um com os saduceus em religião, divergindo apenas em um ou outro ponto político. Assim, em Mateus 16.6, Jesus previne os discípulos contra o fermento dos saduceus; em Marcos 8.15, no mesmo episódio, os herodianos são incluídos.

Essa seita nasceu com Herodes, o Grande. Para identificá-la, basta-nos recordar a política de Herodes.

Jerônimo, Tertuliano, Epifânio, Crisóstomo, Teófilo e outros admitem que os herodianos apareceram devido à crença de alguns judeus em acreditar que Herodes, o Grande, fosse o Messias. Até hoje essa teoria não foi provada. Se esse grupo de judeus achou que Herodes era o Messias e o adorou, uma vez morto o idumeu, não haveria razão para continuar a seita.

Outra teoria defende que os herodianos constituíram uma fraternidade em honra de Herodes, como em Roma se fazia ao imperador. Essa praxe em Roma, no entanto, só começou com Augusto, após a morte de Herodes.

A origem dessa seita encontra-se na contextura sociopolítica da Palestina. Data das primeiras interferências dos

---

[20] JEREMIAS, Joachim. *Teologia do Novo Testamento*. São Paulo: Hagnos, 2008, a partir da p. 263.

romanos, com Júlio César, Marco Antonio e outros no governo da Palestina. Os romanos apoiaram as ambições de Antípater e depois permitiram que seu filho, Herodes, o Grande, fosse rei dos judeus, e que a casa hasmoniana fosse desprezada. Isso feriu a consciência dos judeus. Em Deuteronômio 17.15, lemos: "certamente designarás como rei aquele que o SENHOR teu Deus escolher. Designarás um dos teus irmãos como rei sobre ti; não poderás escolher um estrangeiro, um homem que não seja de teus irmãos". Ora, Herodes e seus descendentes eram idumeus, estrangeiros, portanto usurpadores do trono judeu, dignos do ódio dos conservadores fariseus.

Dessa rivalidade entre fariseus e herodianos, nascem as doutrinas destes: os primeiros ensinavam, baseados em Deuteronômio 17.15; que não se devia pagar absolutamente tributo a César; os segundos pregaram incondicional fidelidade a Herodes, cuja política era de subserviência aos romanos; sendo assim, eles sustentavam que os judeus deviam pagar tributo a César.

Fariseus e herodianos eram inimigos figadais e irreconciliáveis. De vez em quando deflagrava na Palestina uma revolta contra os herodianos que apoiavam os publicanos, como a de Judas Galileu e Judas, o Gaulonita. Todo o ódio que os judeus votavam ao feroz Herodes, eles canalizaram depois contra os herodianos. Herodianos e fariseus uniram-se contra Cristo e urdiram planos para o apanharem, mas essa investida fracassou (Mt 22.17).

Herodes, o Grande, admitia outra doutrina que muito feria os judeus. Consistia em ferir a lei de Moisés para construir templos de idolatria aos romanos e seus imperadores. Os judeus não toleravam semelhante insulto e constantemente se revoltavam contra os herodianos.

Em Marcos 8.15, Jesus preveniu seus discípulos contra o "fermento dos fariseus" (hipocrisia) e o "fermento de Herodes" (extorsão, crime, injustiça, violação).

Zelotes

Josefo diz que os zelotes descendem de Judas de Gâmala, que incitou os judeus a uma revolta contra Roma, na ocasião de taxar os impostos em 6 d.C.[21] Os zelotes são conhecidos também como "galileus", porque o fundador da seita era da Galileia. O nome "zelotes" foi dado pelo seu fanatismo em observar a Lei de Moisés. Achavam que essa Lei devia ser guardada mesmo à custa de espada. Depois ganharam o nome de "sicários", que deriva de "sica", uma arma romana. Deram-lhes esse nome em virtude do formato da arma que usavam em defesa da Lei mosaica.

Em termos doutrinários, os zelotes se igualavam aos conceituados fariseus. Destes distinguiam-se pelo acentuado amor à liberdade e o desprezo à própria vida. Não pagavam absolutamente tributo a César. Quando Arquelau foi exilado, a Judeia foi anexada à Província Romana da Síria. Quirino governava essa Província (Lc 2.2) e mandou recensear o povo da Judeia, para cobrar os impostos. Judas de Gâmala e um fariseu Zaduc levaram o povo a resistir aos romanos dizendo que pagar-lhes tributo era um sacrilégio e repugnante à Lei de Moisés. Muitos judeus se juntaram a eles e pereceram conforme lemos em Atos 5.37.

Depois da morte do fundador da seita, seus discípulos continuaram a pregar os mesmos preceitos. Perseguiam, maltratavam e, às vezes, até matavam os judeus que

---

[21] JOSEFO, Flávio. *Antiguidades*, 18,1.

pagavam tributo aos romanos. Houve lutas internas na liderança do grupo e alguns se entregaram ao saque e ao crime. Josefo responsabiliza o ódio dos zelotes contra os romanos pela destruição de Jerusalém no ano 70 da nova era.[22]

Embora Jesus tivesse um apóstolo, Simão, que pertenceu ao grupo dos zelotes (Mt 10.1-4; Mc 3.13-19; Lc 6.12-16), ele nunca apoiou esse movimento radical. Ao contrário, ele disse e fez coisas inaceitáveis aos zelotes, como pagar impostos e ensinar a submissão aos governantes.

Grupos à margem entre os judeus

Publicanos

Eles não formavam nem um partido político nem muito menos religioso. Antes, eram uma classe imposta pelos dominadores romanos não só na Palestina, mas em todas as províncias do grande império. Archibald T. Robertson afirma: "Os romanos empregavam uma classe de homens chamados publicanos (empregados públicos = *publicani*) para lhes coletarem os impostos".[23]

Publicano, no grego *telônes*, é transcrição do nome latino por meio do qual eram designados os arrecadadores de impostos em Roma, desde o tempo da república. Duas palavras expressam a função fraudulenta desses oficiais: *telos* = imposto, e *oneómai* = comprar. Durante o império, os publicanos cobravam, em nome do erário público, os impostos diretos (*epikefálion* = per capita). Eles tinham uma porcentagem nesses impostos. Em alguns casos, ficavam

---

[22]JOSEFO, Flávio. *Histórias dos hebreus*, vol. III.
[23]Robertson, A. T. *Estudos do Novo Testamento*, p. 43.

com todos os impostos indiretos. Algumas inscrições gregas encontradas nas escavações revelam o grupo publicano impondo-se pela força do dinheiro. Eram odiados por todos em todo lugar. Plínio, o Velho, os qualifica de "homens de terceira classe", e Luciano de Samosata os iguala aos adúlteros e gente vil.

Havia em Roma uma classe de homens (*ordo publicanorum*), segundo Lívio (XXV, 3.8-19), que se ocupavam de contratos oficiais de várias espécies. Estavam intimamente ligados à classe equestre (a mais alta da sociedade romana), e por esta eram sustentados. O equestre comprava do Império Romano o direito de arrecadar neste ou naquele país. Ele mesmo não arredava o pé da cidade de Roma. Este é, realmente, o publicano. Ele então enviava ao país onde lhe competia arrecadar os tributos, romanos recrutados das mais baixas camadas — eram os *portitores*. Para esse trabalho podiam também usar os nativos do país tributário.

Segundo John Broadus, não havia chefe publicano na Palestina, nem mesmo Zaqueu.[24] Como, então, Lucas 19.2 diz que ele era "chefe" dos publicanos? A palavra *architelone*[25] subentende que Zaqueu era o contratador da cobrança de todos os impostos de Jericó e que tinha coletores sob suas ordens.

Os publicanos, pela natureza de seu trabalho, eram odiados por todos onde arrecadavam os impostos, principalmente na Palestina. Eram igualados a pecadores e prostitutas (Mt 9.10s; 21.31; Mc 2.15; Lc 5.30; 7.34 e 15.1).

---

[24] BROADUS, John A. *Comentário de Mateus*. Vol. 1, p. 191.
[25] A versão *Almeida Revista e Atualizada* (Sociedade Bíblica do Brasil) verte por "maioral". A *Almeida Corrigida e Fiel* (Sociedade Trinitariana) por "príncipe". A *Bíblia Viva* (Mundo Cristão) por "um dos judeus mais influentes no negócio de cobrança de impostos dos romanos".

Havia em Roma o chefe dos publicanos. Era o chefe geral. Este determinava a taxa a ser cobrada em determinado país ao chefe dos "portitores". Se o de Roma impunha 50 mil a um país, o chefe dos portitores dobrava a quantia para os seus subordinados, que por sua vez tornava cada um a dobrar e assim sucessivamente. Daí a razão de serem conhecidos como ladrões e exploradores.

Jesus salvou e pôs no apostolado a Levi ou Mateus (Mt 9.9), que era publicano; comeu com os publicanos (Mt 9.10-13); salvou Zaqueu (filho de Abraão), chefe de publicanos (Lc 19.1-10); João Batista batizou muitos publicanos (Lc 3.12,13) e não lhes ordenou que deixassem o trabalho, mas que não cobrassem mais que o estipulado. Aproximavam-se de Jesus publicanos e pecadores e Jesus os amava (Lc 15.1; 7.34).

Samaritanos

Trata-se de uma classe odiada pelos judeus mais do que propriamente uma seita.

Salmanazar IV, rei da Assíria, sitiou Samaria. O cerco durou 10 anos. Ele morreu e não viu Israel destruído. Seu sucessor, Sargão II, completou a obra de seu antecessor. Como já foi dito, os assírios dispersavam os povos conquistados. Foi assim que Sargão levou para a Média, a Pérsia e outras regiões, os judeus do norte, e para Samaria levou povo estrangeiro. Quando os estrangeiros se acharam na terra, foram atacados por feras, e os remanescentes samaritanos, velhos, aleijados etc., disseram-lhes que aquilo lhes acontecia porque não temiam o Senhor. O Antigo Testamento nos apresenta com clareza o quadro do desespero em que os estrangeiros se encontravam em Samaria (leia 2Rs 17.24-41).

Quando o reino do sul foi levado para Babilônia por Nabucodonosor, os samaritanos, esse povo misto — em raça, religião, costume e língua —, tiveram certa liberdade em Jerusalém e na Judeia. Essa liberdade continuou durante o poderio caldeu. Quando Ciro tomou Babilônia, permitiu que os judeus voltassem para Jerusalém, e seus sucessores ordenaram a reconstrução do templo e dos muros da Cidade Santa. Isso despertou ciúmes nos samaritanos que, na pessoa de Sambalá e Geshem, quiseram impedir a obra dos judeus (Ne 4; 6). Os judeus não se comunicavam com os samaritanos antes do exílio babilônico por eles serem gentios; agora, no tempo de Neemias, acentuou-se profundamente a rivalidade entre eles por causa da reconstrução de Jerusalém.

A rivalidade aumentou quando Esdras admoestou os sacerdotes a deixarem as mulheres estrangeiras (Ed 9; 10). Muitos deles não aceitaram o conselho de Esdras. Um desses sacerdotes era genro de Sambalá. Não querendo repudiar a esposa, foi abrigar-se em Samaria. Seu sogro prometeu construir um templo em Gerizim, e ele seria não mero sacerdote, mas sumo sacerdote. Aceitou a proposta. O templo foi construído e ele investido na nova função.

O ódio também cresceu ainda entre judeus e samaritanos quando o judeu João Hircano (130 a.C.) destruiu o templo de Gerizim. Herodes, o Grande, construiu-lhes um novo templo (25 a.C.); não lhes agradou, nem mesmo chegaram a usá-lo por não ter sido construído no monte Gerizim.

O ódio entre eles se intensificou de tal maneira que os judeus consideravam os samaritanos cães e imundos. Eles não tinham mínimo acesso ao templo de Jerusalém. Quando os judeus do norte iam a Jerusalém, passavam através da Pereia, pois era um insulto aos samaritanos que um judeu com destino a Jerusalém passasse por seus territórios. A razão de Jesus ser desprezado pelos samaritanos foi que o "seu rosto era como o de quem ia para Jerusalém" (Lc 9.51-55). Na volta, porém, era lícito passar por Samaria.

O Novo Testamento mostra o efeito da antiga divergência entre os dois povos. Ambos criam no Messias que havia de vir e aceitavam as mesmas Escrituras (ainda que os samaritanos só aceitassem o Pentateuco). Ou seja, eles tinham a mesma esperança, mas não se comunicavam. Paulo, o grande intérprete de Cristo, declara que a cruz de Jesus "derrubou o muro da separação" entre judeus e gentios (Ef 2.11-22).

8
Instituições judaicas

As principais instituições dos judeus nos dias de Jesus eram o templo, a sinagoga e o Sinédrio. O que eram e o que significavam nos dias do Senhor refletem a influência do Período Interbíblico.

O templo

Vale a pena reproduzir *ipsis litteris* a exposição sobre o templo de Jerusalém apresentada pelo especialista Archibald Thomas Robertson (1863-1934):

> O templo de Jerusalém era a coroa da glória de Israel, e não meramente de Jerusalém. Situado no monte Moriá, dominava a cidade. O edifício foi construído por Salomão e destruído por Nabucodonosor. O segundo templo foi erguido por Zorobabel e permaneceu até o tempo de Herodes, o Grande. Este edifício, terceiro templo, começou sua construção no ano 19 a.C. No ano 70, este terceiro templo foi destruído por Tito. Os judeus eram tão ciosos do templo (segundo) que não consentiram que Herodes o derrubasse de uma vez para construir outro; aqui jaz a razão dele ser derrubado aos poucos, e do outro templo (terceiro)

se construir por partes, de modo que, por ocasião da Páscoa do ano 26 a.C. o trabalho se fazia há 46 anos (João 2.20). O santuário incluía o lugar Santo e o lugar Santíssimo, segundo o modelo do tabernáculo; era imediatamente circundado pela corte dos judeus, que por sua vez, mais embaixo, era circundado pela corte das mulheres e finalmente esta, mais em baixo, era circundada pela corte dos gentios. A torre Antônia, no canto noroeste, era ocupada por soldados romanos. Os muros do oriente davam frente para o vale de Josafá, e ao sul para o vale de Hinon (Gehenna), onde se queimavam os detritos da cidade. As grandes festas atraíam multidões à cidade, e a adoração centralizava-se no templo. As horas de culto eram às 9, 12 e 15. Os sacerdotes serviam por turmas, e observava-se um elaborado ritual de sacrifícios. Havia sacrifícios pelos pecados de omissão e de comissão, para os ricos e para os pobres. Na corte dos gentios havia lugar para venda de ovelhas e pombas, e cambiadores de dinheiro, para atender os judeus da dispersão. A vida religiosa e social dos judeus centralizava-se neste templo maravilhoso e cheio de glória. Os judeus tinham como uma realidade incontestável a manifestação do Senhor no Propiciatório. Só o sumo sacerdote podia penetrar no lugar Santíssimo, e só uma vez por ano.[1]

Os judeus que se orgulhavam do seu templo construído por Herodes, o Grande, tinham razão, porque era majestoso. Josefo diz que "Herodes construíra o santuário do templo com pedras brancas e fortes".[2] Ele também acrescenta que as pedras empregadas na construção do templo eram

---

[1] ROBERTSON, A. T. *Estudos no Novo Testamento*, p. 36-37.
[2] JOSEFO, Flávio. *Antiguidades*, 15,11.3.

enormes, medindo algumas 85 pés de comprimento. O Talmude da Babilônia diz: "Aquele que não viu o templo de Herodes, nunca viu um edifício tão majestoso".[3] O templo, segundo Josefo, estava ornando com espólios dos povos vencidos por Herodes. O templo era enorme. Tácito afirma que "era um templo de imensa riqueza e uma excelente fortaleza". Os judeus realmente tinham motivo para se ufanarem de seu templo.[4]

Sinagoga

O nome é essencialmente grego: *sinagogê*. Ocorre uma só vez no Antigo Testamento, em Salmos 74.8.[5] No Novo Testamento, a palavra aparece quase 70 vezes. O correspondente hebraico é *keneseth*, como em Êxodo 12.3 e dezenas de outras referências, sempre traduzido por "congregação". A Septuaginta e as versões no grego moderno vertem *keneseth* por *sinagogê*. O sentido básico é um lugar de reunião, e dessa maneira veio a denotar o lugar de adoração dos judeus. Nas Escrituras, trata-se da reunião de indivíduos de uma localidade com o fim de adorar ou de fazer alguma coisa em comum (Lc 12.11; 21.12). O termo acabou designando o edifício onde tais reuniões eram efetuadas.[6]

---

[3]Citado por BROADUS, John A. *Comentário de Mateus*. Vol. 2, p. 220.
[4]Quem desejar um estudo completo sobre o templo de Jerusalém, recomendamos o importante livro de Joan COMAY, *The Temple of Jerusalém*. Holt, Rinehart and Winston, 1975. (Impresso na Inglaterra).
[5]É o hebraico *mo'edh*. Nem todas as traduções vertem o *mo'edh* por "sinagoga". Algumas traduzem por "lugares santos", "santuários", "lugares sagrados", "casas de Deus" etc. A *Almeida Corrigida* (IBB) verte por "sinagoga".
[6]DOUGLAS, J. D. *O novo dicionário da Bíblia*, p. 1.271.

Em Ezequiel 11.16, lemos a significativa Palavra de Deus: "Embora os tenha mandado para longe entre as nações e os tenha espalhado pelas terras, eu lhes servirei de santuário por um pouco de tempo, nas terras para onde foram". A sinagoga foi a instituição que realmente imprimiu caráter à fé judaica. Nela o judeu aprendeu a ler e a interpretar a Lei. No exílio, longe da pátria querida, da suspirada Jerusalém (Sl 137), sem o templo com seus complicados sacrifícios, os judeus se voltaram para algo que lhes serviu de compensação: a Torá. A. Manes escreveu:

> Nos sábados e dias santos a perda do templo e a ausência das celebrações sacrificiais solenes eram grandemente sentidas pelos exilados... a sinagoga... servia como substituto do templo. Na sinagoga não havia altar, e a oração e a leitura da Torah tomavam o lugar do sacrifício. Além disso, a casa de oração realizava uma importante função social... era ponto de reunião onde o povo podia congregar-se sempre que fosse necessário aconselhar-se sobre importantes negócios da comunidade. A sinagoga se tornou berço de um tipo inteiramente novo de vida social e religiosa, estabeleceu o alicerce para uma comunidade religiosa de escopo universal. Pela primeira vez o monoteísmo judaico se emancipou, na prática religiosa, de suas peias a um local específico designado. Deus agora era levado ao povo onde quer que ele habitasse.[7]

Ainda hoje a sinagoga é a instituição dominante no

---

[7] MANES, A. "The History of the Jesus in Ancient Times". *The Jewish People*, 1, p. 78-152. Citado em DOUGLAS, J. D. *O novo dicionário da Bíblia*, p. 1.271.

judaísmo no mundo todo. Antes de Jesus, Deus usou as sinagogas para alimentar no coração do seu povo a "esperança messiânica", e isso foi de consolação para o povo chamuscado pelas chamas do longo cativeiro.

A sinagoga nasceu na Babilônia, no período em que o povo de Deus esteve em cativeiro. Nabucodonosor deu aos judeus um bairro em Babilônia, onde tinham a liberdade de cultuar o Deus vivo. Alguém vê o primeiro germe da sinagoga em Ezequiel 20.1, quando os anciãos sentaram-se aos pés do profeta e então veio a Palavra do Senhor para aqueles homens.

Por iniciativa dos escribas, a lei começou a ser copiada, lida e interpretada. Sentiram a necessidade de um culto prestado a Deus por um grupo. Começaram esse culto sempre aos sábados, ora numa casa, ora em outra. Uma vez reunidos, começaram a cantar alguns salmos de louvor. Liam a Torá e alguém a interpretava. Dizem que os judeus dividiram a Torá em 154 partes, vertendo-as para o aramaico. Isso para facilitar a leitura e a interpretação para o povo. Das casas particulares passaram para uma casa destinada a esse trabalho — era a sinagoga. Jesus ensinava nas sinagogas (Mt 4.23).

Alguns pretendem ver a sinagoga antes do cativeiro babilônico. Achamos pouco provável, pois nessa época o culto se centralizava no templo. De acordo com a Lei, não podia ser diferente. Jeroboão desviou o povo do Norte do templo do Senhor em Jerusalém e, por isso, foi condenado.

A sinagoga disseminou-se. No primeiro século da nossa era, havia sinagoga onde houvesse um número considerável de judeus: em Salamina (At 13.5), Antioquia da Psidia (At 13.14), Icônio (At 14.1), Bereia (At 17.10), Jerusalém (At 6.9; a dos "Libertos"), Damasco (At 9.2),

Cafarnaum (Mc 1.21), Nazaré (Lc 4.16) etc. Atos 15.21 declara que havia sinagogas no mundo todo. *O novo dicionário da Bíblia* diz que circulou uma lenda de que em Jerusalém, quando destruída por Tito (70 d.C.), havia 394 sinagogas; e outra afirma 480.[8]

Os judeus tiveram dois diferentes tipos de sinagoga: a *Beit-Midrash*, que vem a ser, "a casa onde se ora e se estuda a Torá" (eram as sinagogas do tempo de Jesus e de Paulo); e a *Beit-Keneseth*, isto é, a sinagoga atual. No tempo do Senhor Jesus, as sinagogas tinham um caráter punitivo e até "inquisitivo" (veja Mt 10.17; 23.34; Mc 13.9; Lc 12.11; 21.12; Jo 9.22; 12.42; 16.2; At 22.19; 26.11).

Sob o aspecto da constituição, as sinagoras eram miniaturas do templo de Jerusalém. Alfredo Edersheim diz que o plano do interior é geralmente o de uma colunata dupla, que parece ter o formato do corpo principal da sinagoga, enquanto as salas do oriente e ocidente eram provavelmente empregadas como passagens. A distância entre as colunas é bem pequena, nunca maior que 2,90 m.[9]

Havia uma arca portátil onde eram guardados os rolos da Lei e dos Profetas. Fica defronte à entrada do prédio. Diante da arca ficavam os primeiros lugares disputados por escribas e fariseus, e condenado por Jesus (Mt 23.6). Havia uma espécie de estrado, chamado "bemã", de onde era lida a Lei. O estilo do edifício era greco-romano. Seus ornamentos eram geralmente de folhas de parreiras. Também não faltavam a menorá (candeeiro de sete hastes),

---

[8]EDERSHEIM, Alfredo. *The Life and Times of Jesus the Messiah*, vol. 3, p. 1531.

[9]EDERSHEIM, Alfredo. *The Life and Times of Jesus the Messiah*, vol 1, p. 435.

Uma sinagoga

o cordeiro pascoal e o vaso de maná. Os assentos próximos do bemã eram os de maior honra. Homens e mulheres sentavam-se separados. Não menos de dez homens adultos era o mínimo para se organizar uma sinagoga. Cada sinagoga era controlada por dez oficiais, homens de trabalho e cultura, mas que dispusessem de tempo para a sinagoga. Precisavam conhecer muito bem a Lei. Oito deles tinham funções bem definidas. Três compunham um tribunal para solução de casos de sua jurisdição, inclusive dívidas, roubos, perdas, restituição, sedução, admissão de prosélitos e eleições; eram chamados os chefes da sinagoga. Outro era o oficial da sinagoga, cuja tarefa era dirigir as orações, superintender a leitura da Lei e, conforme a ocasião própria, pregar. Era denominado o "Anjo da Congregação". Ainda havia três diáconos que cuidavam dos pobres; eles recebiam esmolas de casa em casa e nas reuniões da sinagoga. Eles eram chamados de "Os homens bons da cidade". Havia ainda o targumista ou intérprete, o qual, na ocasião da leitura das Escrituras, o fazia em voz baixa, somente para o seu ouvido; em seguida, interpretava o conteúdo lido em voz alta e na língua do povo.

Giovanni Luzzi pensava que o culto da sinagoga se processava do seguinte modo: leitura da Lei pelo chefe, recitação de Salmos, leitura dos Profetas e exortação.[10]

Já a *Enciclopedia de la Biblia* dá a seguinte ordem para um culto de sinagoga:[11]

1. Recitação em comum da grande confissão de Israel, na sua parte inicial chamada "Shema" (ouve) e que se compunha de três textos do Antigo Testamento agrupados: o grande mandamento do amor (Dt 6.4-9), a inculcação da observância dos mandamentos (Dt 11.15-21) e a exigência de reter de memória os mandamentos, usando nas vestes as barbas azuis (Nm 15.37-41).
2. Seguia-se uma oração de arrependimento denominada "Semoneh esreh", composta de dezoite preces ou bênçãos.[12]

---

[10]Luzzi, Giovanni. *Fatti degali Apóstoli*, p. 174.
[11]*Enciclopedia de la Biblia*. Vol. 6, p. 721.
[12]A primeira diz: "Bendito és tu, o Senhor nosso Deus, o Deus de nossos pais, o Deus de Abraão, o Deus de Isaque, o Deus de Jacó; o Deus grande, poderoso e terrível, o Deus altíssimo que mostra misericórdia e benignidade, que cria todas as coisas, que relembra os feitos piedosos dos patriarcas, e que por amor dará um redentor aos filhos de seus filhos, por amor de seu nome; ó Rei, Ajudador, Salvador e Escudo! Bendito sejas tu, ó Senhor, Escudo de Abraão". Outra oração diz: "E a Jerusalém, tua cidade, retribuirás com misericórdia e habitarás em seu meio, conforme disseste. E edificarás brevemente em nossos dias, transformando-os num edifício eterno, e o trono de Davi restabelecerás prontamente em seu meio".

3. Seguia a leitura do V.T. Antigo Testamento. A Lei era lida cada sábado. Como o povo não dominava mais o hebraico, vinham os targuns (interpretação da Lei).
4. O chefe da sinagoga fazia a exortação ou convidava alguém a fazê-lo. Era esse o momento que Paulo aproveitava para pregar a Cristo.
5. A liturgia terminava com uma oração, feita por um sacerdote, e com toda a bênção ordenada por Deus aos filhos de Arão (Nm 6.24-26).

A sinagoga e a pregação do evangelho

Para o cristianismo e principalmente para os trabalhos do apóstolo Paulo, as sinagogas foram de grande valor. O Senhor Jesus pregou muitas vezes nas sinagogas da Palestina. Para Paulo, as sinagogas foram cabeças de ponte para entrar com o evangelho de poder em cada cidade em que ia desfraldar o glorioso pendão de Cristo. John Greshan Machen declara:

> Dificilmente se pode exagerar o serviço prestado à obra de Paulo pela sinagoga judaica. Um dos problemas mais graves de qualquer missionário é conseguir um auditório. O problema pode ser resolvido de vários modos. Algumas vezes o missionário aluga um local de reunião e faz propaganda; por vezes fala nas esquinas das ruas, aos transeuntes. Para Paulo, porém, o problema estava resolvido. O que lhe importava fazer era entrar na sinagoga e exercer o direito de falar, que era atribuído com acentuada liberdade aos mestres visitantes. Ainda mais, na sinagoga Paulo achava não só uma audiência de judeus, mas ainda de gentios; em toda a parte os tementes a Deus eram encontrados. Estes gentios frequentadores da sinagoga não só eram auditório, porém, um auditório seleto; exatamente

o tipo de pessoas possíveis de serem conquistadas pela pregação do Evangelho.Nestes casos, grande parte da tarefa estava preliminarmente feita; já estavam familiarizados com a doutrina do verdadeiro Deus; através dos elevados ensinos éticos do Antigo Testamento, já haviam associado a religião à moralidade, de um modo, que para nós é natural; sendo porém uma rara exceção no mundo antigo.[13]

Sinédrio

Termo que vem do grego *sinagogê megále*, ou seja, "a grande sinagoga". Palavra aramaicizada por empréstimo do grego *sinédrion*, que vem a ser "concílio". Aparece também *gerousía*, que quer dizer "senado". O termo *sinédrion* foi usado no Talmude na forma hebraica *sanhedrin*. Tanto antes, como depois de Cristo, designava o mais alto tribunal de justiça dos judeus. Reunia-se em Jerusalém. Por extensão, refere-se a outros tribunais de menor importância. Parece-nos que a palavra foi usada na Grécia e em Roma. Josefo emprega pela primeira vez o termo referindo-se à convocação que o jovem Herodes recebeu pelos abusos que cometera.[14] No Novo Testamento, o *sinédrion* refere-se à corte suprema de justiça dos judeus (Mt 26.59; Mc 14.55; Lc 22.66; Jo 11.47; At 4.15; 5.21; 6.12; 22.30; 23.1; 24.20). Podia referir-se a outro tribunal de menor importância (Mt 5.22).

Alguns acham a semente do sinédrio nos 70 anciãos que Moisés designou em Números 11.16-24; outros veem o berço do sinédrio na *sinagogê megále*, que Esdras e

---

[13]Citado por TAYLOR, W. C. *Comentário do evangelho de João.* Vol. 3. Rio de Janeiro: Casa Publicadora Batista, 1945, p. 226.
[14]JOSEFO, Flávio. *Antiguidades*, 14,9.3-5.

Neemias organizaram após o exílio (Ed 7.25,26; 10.14; 5.5-9; 6.7-14; 10.8; Ne 2.16; 4.14-19; 5.7; 7.5). Em *1Macabeus* 12.3-6 e 14.30 registra-se um tribunal judaico que tinha contato com Antíoco, o Grande. Esse corpo da judicatura era constituído de anciãos e representava a nação. Eram escolhidos dentre a aristocracia (veja também *2Macabeus* 1.10; 4.44; 11.27). Esse concílio, nas Guerras Macabeias, se aliou a Jônatas para fazer aliança com Esparta (*1Macabeus* 12.5); esse mesmo concílio aconselhou a construção de fortalezas na Judeia (*1Macabeus* 12.35; 13.36; 14.30,28,47). Com Gabino, os poderes do sinédrio foram limitados; sob os "procuradores", porém, bastantes extensos. Chegavam até a Diáspora (At 9.2; 22.5; 26.12). No tempo de Arquelau, o poder do sinédrio limitou-se à Judeia. Não teve poder sobre Jesus, enquanto esteve na Galileia. Depois da destruição de Jerusalém em 70 d.C., o sinédrio foi substituído pelo *Beth Din* (tribunal de julgamento), que se reunia: em Jabné (68-70), em Usah (80-116), em Safra (140-163), em Seforis (163-193) e em Tiberíades (193-220).

O Sinédrio era inicialmente constituído pela aristocracia sacerdotal, predominantemente de saduceus. No tempo da rainha Alexandra (76-67 a.C.), fariseus e escribas foram acrescentados. Herodes favoreceu os fariseus em detrimento dos saduceus. Nos dias do Novo Testamento, o sinédrio era constituído do sumo sacerdote, bem como daqueles que já haviam exercido esse cargo, os anciãos (gente importante da sociedade) e alguns sacerdotes; também escribas, homens versadíssimos na Torá, e, por último, fariseus e saduceus (Mt 26.3,57,59; Mc 14.53; 15.1; Lc 22.66; At 4.1,5; 5.17,21,34; 22.30; 26.6). Os membros do Sinédrio eram *bouletês* (conselheiros), como José de

Arimateia (Mc 15.43; Lc 23.50). O sumo sacerdote em exercício era o presidente do Sinédrio. Nessa condição, Caifás presidiu o julgamento de Paulo (At 23.2).

Nos dias do Senhor Jesus, o poder jurisdicional do Sinédrio era grande. Abrangia as áreas civil e criminal. O Sinédrio tinha autoridade administrativa e podia ordenar prisões (Mt 26.47; Mc 14.43; At 4.1; 5.17; 9.2). Podia julgar casos, excetuando-se de pena capital (At 4—5). Penas de morte precisavam de sanção romana (Jo 18.31). O procurador romano autorizou em caráter permanente o Sinédrio a aplicar pena capital a todo gentio que ultrapassasse a barreira que dividia o átrio do templo do átrio dos gentios. O único caso de pena de morte aplicado pelo Sinédrio foi o de Jesus. O de Estevão parece-nos tratar de um ato ilegal da multidão. Ao Sinédrio competia pregar na área civil e religiosa.

Alguns autores pensam que a sala onde o Sinédrio se reunia era numa dependência do templo. O dr. Ginsburg, entretanto, opina por ser um local na parte oriental do monte Sião, não muito distante do templo.

O Sinédrio não podia reunir-se à noite, senão depois do nascer do sol. O julgamento de Jesus pelo Sinédrio foi ilegal, pois transcorreu a noite (veja Mt 26.57-58; Mc 14.54-65; Jo 18.24). Depois do raiar do dia, o Sinédrio ratificou a sentença (Mc 15.1; Mt 27.1; Lc 22.26-71).[15]

---

[15]Para o modo de proceder do Sinédrio em seus julgamentos, leia Douglas, J. D. *O novo dicionário da Bíblia*, p. 1.276.

9
Filosofia e teologia judaicas

O Período Interbíblico também colaborou para a formação da filosofia e da teologia judaicas. A própria expressão "filosofia judaico-alexandrina" já nos remete à influência grega no pensamento judaico. A teologia judaica também sofreu modificações nesse período, afetando grandemente as principais ideias nacionalistas dos judeus.

Apresentaremos breves informações a respeito dessa matéria.[1]

Filosofia judaico-alexandrina

O filósofo judeu-helenista Filo (ou Filon) afirma que em Alexandria havia um milhão de judeus. Eram cidadãos do Egito e, portanto, pertenciam ao Império Romano. Esse poderoso núcleo judaico constituiu-se logo após a fundação da cidade por Alexandre, o Grande. Aumentou depois, graça à generosidade dos ptolomeus para com os judeus.

---

[1] Ao leitor que desejar mais esclarecimentos sobre o assunto, sugiro que pesquise o livro *Introdução ao Novo Testamento*, de A. R. CRABTREE, capítulos de 1 a 3.

Esses judeus, aos poucos, foram se esquecendo dos costumes de Jerusalém ao mesmo tempo que se identificavam com os costumes gregos. Eles eram bem helenistas. Empolgados pela filosofia de Platão, mas presos a Moisés, tentaram fundir as duas "filosofias" — a essa tentativa de harmonia entre Moisés e Platão dá-se o nome de "filosofia judaico-alexandrina".

Segundo o especialista em teologia Archibald Thomas Robertson, Aristóbulo é conhecido como o pai da filosofia judaico-alexandrina, mas seu expoente máximo é o judeu Filo.[2] Nessa filosofia, nunca acatada pelos judeus ortodoxos, desenvolvem-se pontos doutrinários interessantes, alguns corretos, outros errados e perigosos. Por exemplo, Platão aparece ensinando a preexistência da alma e a eternidade da matéria. A salvação pode ser obtida através da cultura. Menciona-se com frequência o termo "logos". Fala-se do Espírito Santo, nunca do Messias. Cogita-se do Juízo Final. Filo interpretou Moisés através de Platão, espiritualizando tudo. Essa filosofia entra pelos séculos cristãos afora e prejudicou, em parte, a marcha do evangelho.[3]

Teologia rabínica

Enquanto a filosofia judaico-alexandrina se cristalizava, com suas heresias e abusos, desenvolvia-se um movimento norteado pelos escribas, que eram guardas tradicionais, e até exagerados, dos oráculos do Antigo Testamento. Era também sua tarefa resguardar a Lei Oral, que, diziam, fora dada por Deus a Moisés.

---

[2]Citado por McGINTY, C. Lamar. *From Babylon to Bethlehem*, p. 213.
[3]Para outras informações sobre Filo de Alexandria, veja *Enciclopedia de la Biblia*, vol. III, p. 560-562.

Os rabinos se levantaram contra o "modernismo", isto é, o esforço inócuo de interpretar Moisés pela filosofia platônica e de limitar a revelação divina do Antigo Testamento às espúrias filosofia estóica e epicurista. Os rabinos não forjam uma teologia de última hora para oferecer resistência aos judeus helenistas de Jerusalém, tão-somente concatenaram suas tradições e as apresentaram aos seus antagonistas.

A teologia rabínica inclui a Torá (a Lei de Moisés, o Pentateuco, base estrutural de toda a religião dos judeus). "Para o judeu", diz José Carlos Rodrigues, "a confecção da Torah precedeu à criação do mundo, e um dos rabinos escreveu (*Pesikta*, 109) até quando o homem apareceu já ela existia por 2.000 anos! A Torá, como Deus, é eterna, pois é inseparável dele".[4]

Com o decorrer dos tempos, apareceram os chamados "doutores da Torá", intérpretes autorizados dos livros de Moisés. Mais tarde, os judeus começaram a fazer anotações ao lado da Torá, e essas anotações constituem o início das tradições tão condenadas por Jesus Cristo. Na Babilônia, os judeus voltaram, sob inspiração do escribismo, à Torá, e novamente aparecem os "doutores da Torá"; no Novo Testamento, eles são chamados "Doutores da Lei".

O escribismo gerou a *Halakah* ou *Halaca* ("costume", "regra", "uso"), que era um corpo de doutrina preservado pela tradição, pois a princípio não era escrita. Os doutores da Lei afirmavam que essas doutrinas vinham do tempo de Moisés. Era a "Lei oral", fiel, autêntica interpretação da Torá. Isso levou os teólogos judeus a invalidar o mandamento de Deus por causa das suas vãs tradições (Mt 15.3-7).

---

[4]RODRIGUES, José Carlos. *Estudo histórico e crítico sobre o Velho Testamento*, vol. 2, p. 624.

Os judeus consideravam a *Halakah* uma parte do texto do Pentateuco, e não um acréscimo à Torá. Os preceitos da *Halakah* foram crescendo sempre até o ponto de um judeu no sábado não poder fazer isto ou aquilo, nem mesmo carregar um lenço. Jesus os censurou de forma enérgica (veja Mt 23).

O padre José Carlos Rodrigues diz que "complicaram-se e multiplicaram-se tanto essas tradições da 'Halakah' que no ano 100 da nossa era o célebre rabino Akiba entendeu colecioná-las metodicamente e seu trabalho foi tão colossal que só foi concluído mais de 100 anos depois por Jeúda-Hakadosh".[5] Essa coleção é conhecida por *Mixná* ou *Mishnah*, que, por sua vez, foi estudada pelos discípulos dos rabinos de Tiberíades, Palestina, Babilônia e Suza. Os comentários Mixná são conhecidos como *Gemara*. A Mixná e a Gemara formam o Talmude. As coleções recentes sobre a religião judaica foram chamadas de *Midrash*.

A *Halakah* era a jurisprudência da Torá. Além dos acréscimos legais, os judeus forjaram os acréscimos teológicos, conhecidos como *Hagadah*.

Esses são os principais aspectos da teologia judaica, que ofereceu resistência ao modernismo de Alexandria.

Dois extremos devem ser observados: o paganismo do Egito e a superortodoxia dos escribas. Por esses excessos, ambos foram condenados pelo Senhor Jesus. A superortodoxia, apesar do seu fanatismo, conseguiu preservar o texto do Antigo Testamento das ridículas interpretações filosófico-pagãs.

---

[5]RODRIGUES, José Carlos. *Estudo histórico e crítico sobre o Velho Testamento*, vol. 2, p. 629.

Ideias nacionalistas

Muitas ideias nacionalistas desenvolveram-se nos 400 anos do Período Interbíblico, todas, direta ou indiretamente, baseadas na esperança messiânica.[6] As principais são: o escribismo, magnificando a Lei de Moisés; o saduceísmo, louvando a aristocracia e o sumo sacerdócio; o apocalipcismo, buscando um ideal no Antigo Testamento, exagerando os profetas, precipitando os acontecimentos em relação às promessas de Deus. O apocalipcismo deu-nos a vasta bagagem de apócrifos, que representam o esforço do homem em obrigar Deus a cumprir essa ou aquela promessa.

---

[6]Para mais informações sobre a "esperança messiânica", veja as páginas 72-73.

10
A preparação do mundo para o advento do Messias

Desde que o homem caíra no pecado, Deus começou a trabalhar para salvá-lo, para redimi-lo. Todo esforço de Deus para tão nobre fim limita-se a preparar o mundo para receber seu Filho, aquele que na cruz salvaria o homem. Aquele abençoado ano em que nasceu Jesus na vila de Belém (4 a.C.) não foi um acaso nos planos de Deus, mas uma coisa multissecular, que exigiu esforço da parte do Senhor e sacrifício de seu Filho.

Vamos recapitular agora algumas coisas da atividade de Deus no preparo do mundo para o advento de nosso Senhor Jesus Cristo no Período Interbíblico.

O silêncio de Deus

A Bíblia apresenta Malaquias como o último profeta do Antigo Testamento. Sua voz foi a última usada por Deus no cânon da Antiga Dispensação. Sua profecia termina com a promessa da "vinda de Elias", uma referência a João Batista, que exerceria um ministério semelhante ao de Elias. Deus encerra temporariamente suas atividades de revelação especial ao homem, deixando o mundo na expectativa do precursor do Messias. João Batista seria a "Voz do que clama: Preparai o caminho do Senhor no deserto; endireitai ali uma estrada para o nosso Deus" (Is 40.3).

Depois de Malaquias, não temos mais registros da revelação de Deus até a vinda do Precursor. O silêncio divino é uma das contribuições para preparar o mundo para o advento de Jesus. Nesses 400 anos de silêncio divino ocorrem milhares de acontecimentos que, somados, preparam o século em que Jesus nasceu.

O mundo assírio

Os assírios, por muitos anos, estiveram com as rédeas do mundo nas mãos. Sua política e suas táticas de guerra contribuíram para espalhar e misturar povos de todo o mundo, para termos cidades mais cosmopolitanas e mais conhecimentos ou intercâmbios entre as nações da terra. Deus, no entanto permitiu que os assírios sitiassem Samaria e a levassem para os territórios da Média e da Pérsia, juntamente com as dez tribos do Norte mais a meia tribo de Benjamim, e foi de sua vontade que Judá ficasse no pedestal de nação livre por 137 anos ainda. A preservação de Judá é, sem duvida, um fator que contribuiu para a formação do século que Jesus nasceu.

O mundo babilônico

Em 722 a.C., Israel foi para o cativeiro assírio. Em 585 a.C., Nabucodonosor levou os judeus de Jerusalém para a Babilônia, onde passaram 70 anos. Deus permitiu que os caldeus levassem cativos os judeus. Com esse exílio, no presente, Deus corrige seus filhos, e para o futuro, prepararia o mundo para o nascimento (em carne) de seu Filho. Na Babilônia, os judeus curaram-se da idolatria, voltaram-se à Lei do Senhor, trocaram o hebraico pelo aramaico. Nesse período também apareceram as sinagogas, as grandes seitas religiosas e começa a Diáspora, entre outras coisas mais. Todos esses fatores conjugados e desenvolvidos contribuíram para a formação do século em que Jesus nasceu.

O mundo medo-persa

Deus usou os medo-persas para abater a orgulhosa Babilônia. Ciro, o persa, aparece em Isaías como servo de Deus, um instrumento nas mãos do Altíssimo para grandes realizações espirituais. Sob os persas, os judeus voltam ao seu país e reconstroem sua metrópole, seu templo e voltam à vida livre. Muitos chegaram a pensar que Ciro fosse o Messias. O surgimento de Ciro também contribuiu para preparar o mundo para o advento de Cristo.

O mundo grego

Nosso foco na Grécia se concentra no advento de Filipe da Macedônia, porque dele nasceria um dos maiores líderes da antiguidade: Alexandre, o Grande, que helenizou o mundo. As maiores contribuições de Alexandre para o advento do Messias foram: unir os dois mundos: Oriente e Ocidente; disseminar pelo mundo a cultura e a língua gregas; fundar grandes cidades, centros de cultura helênica; e as reações causadas pela divisão de seu império.

Contribuição dos gregos

"Os romanos conquistaram os gregos, mas num certo sentido os gregos conquistaram os romanos."[1] Quando

---

[1] ROBERTSON, A. T. *Estudos no Novo Testamento*, p. 11.

os romanos dominaram o mundo, este já estava helenizado, incluindo a cidade de Roma, onde professores gregos ensinavam na sua língua. Encontramos também na metrópole do Império jogos e deuses gregos. As duas civilizações se fundiram. Os principais elementos dessa civilização são:

1. *Língua.* A língua oficial do Império era o latim, mas o coiné era a língua popular, usada em todo o mundo. Nos dias de Jesus, em todos os países falavam-se duas línguas, sendo uma delas o grego. Quando Pilatos mandou afixar a inscrição no topo da cruz, a ordem foi para que se escrevesse em hebraico, grego e latim. O Novo Testamento foi escrito em grego. Paulo, o apóstolo aos gentios, poderia em qualquer país do mundo falar o grego e ser entendido. Deus preparou de tal maneira o mundo para o advento do Messias que a língua dos povos (com raras exceções) era uma.
2. *Democracia.* Ainda que Filipe e seu filho Alexandre, os propagadores do helenismo, não praticassem a democracia, ainda que na Grécia não existisse a lídima democracia, como erradamente pensam algumas pessoas, as teorias sobre a democracia germinaram em Atenas. Alexandre, helenizando o mundo, levou a semente da democracia, que deveria depois encontrar para seu desenvolvimento o clima ameno das ideias de Jesus, pura, franca e absolutamente democráticas.
3. *Filosofia.* A filosofia nos meandros do Império Romano deixara sua fase inicial, os moldes acadêmicos, e alcançara a completa maturidade. Sócrates

deu golpe na filosofia especulativa com seu ponto máximo: "Conhece-te a ti mesmo". Platão desenvolveu o pensamento do seu mestre e chegou até a admitir a existência de um Deus. Aristóteles estudou o mundo tanto físico como metafísico. Epícuro e Zenão, pais do "epicurismo" e "estoicismo", respectivamente, deram à filosofia uma feição prática, tornando-a popular. O estoicismo pregava a absoluta austeridade; o epicurismo, a absoluta depravação, sensualidade. Os adeptos de Zenão foram poucos no mundo todo; os de Epicuro, numerosos. Os resultados do epicurismo não se fizeram esperar. Por toda a parte germinou a daninha semente da corrupção e imoralidade. A filosofia epicurista permeou o Império todo. O mal consistiu não em existir tal filosofia, mas certos homens praticarem seus princípios e a aceitarem como se fora uma religião. Paulo, em Atenas, discutiu com estoicos e epicureus, que disputavam a maioria do vulgo (At 17). Duas são as grandes contribuições da filosofia para o preparo do mundo para a vinda de Jesus: levou o homem a olhar introspectivamente e a sentir a necessidade de um Deus espiritual (o DEUS DESCONHECIDO que Paulo encontrou em Atenas) e de um Salvador; a outra contribuição é "desilusão", porque a filosofia não satisfez suas necessidades, apenas fez o homem sentir necessidade.

4. *Religião*. Sócrates e Platão pregaram a existência de um só Deus. O homem ansiava agora por esse Deus. Como resultado dessa ansiedade, veio a desilusão dos deuses do Egito, da Caldeia, da Grécia, de Roma etc. Os sacerdotes pagãos não mais acreditavam nos seus cultos e tudo faziam para desmoralizá-los. Os

grandes homens como Júlio César, Plínio, Catão, Varrão, entre outros, eram céticos. Cícero viveu absorvido pelas dúvidas; Augusto, incrédulo e supersticioso, mas um deus adorado por seus súditos, que lhe chamavam de "Senhor", "Salvador", "Deus" etc. Dedicaram-lhe diversos templos e suas imagens eram adoradas em todo o império. Apareceram religiões misteriosas como os "eleusianos" da Grécia, que ensinaram aos homens uma fé e esperanças secretas. As reuniões secretas dessas idolatrias acabaram na mais supina imoralidade, desiludindo ainda mais o pobre homem. O mundo estava cheio de religiões; havia deuses aos milhares. Apesar disso tudo, Paulo, se referindo ao passado dos gentios, diz: "estáveis naquele tempo sem Cristo [...] sem esperança e sem Deus no mundo" (Ef 2.12). Muitas pessoas, ou através da Septuaginta, ou pelo impulso natural da alma, buscavam o Deus verdadeiro, buscavam e esperavam que esse Deus lhe aparecesse um dia.

5. *Educação.* O dr. Archibald Robertson afirma que o nível cultural dos habitantes do Império era elevadíssimo. Havia grandes universidades, como a de Atenas, Tarso, Pérgamo e Alexandria. Havia também grandes escolas de oratória, como a de Rodes. Estudava-se profundamente filosofia. Em Alexandria começou a estudar-se a gramática. A Septuaginta ofereceu aos judeus helenistas oportunidade de lerem a revelação divina na língua universal. Abundaram os copistas. Bons escritores como Políbo, Deodoro e Estrabão escreviam em coiné. Cícero, César, Virgílio e outros tinham passado, mas Lívio,

Ovídio, Juvenal e Tácito ainda viviam e enriqueciam o mundo com suas produções. Alguns escravos gregos eram professores em Roma. Isto contribuiu muito para a propagação do cristianismo.
6. *Moral.* A filosofia epicurista conseguiu separar a religião da moral. Os deuses casavam-se e praticavam a imoralidade. O divórcio tornou-se comum em Roma, com também as pinturas, o infanticídio e toda a sorte de tragédias, a ponto de Sêneca exclamar: "O vício não mais se esconde; exibe-se francamente a nossa vista. A inocência não é mais uma coisa rara; deixou mesmo de existir". Dizia-se também que o "império se tingira de vermelho com sangue dos inocentes". João tinha razão quando disse: "Todo o mundo jaz no maligno" (1Jo 5.19).
7. *Sociedade.* Desaparecera a sociedade simples que fizera os romanos grandes. Levantou-se uma agora vaidosa e ociosa. Dos 120 milhões de habitantes do império, apenas 7 milhões estavam na Itália; 6 milhões de escravos gemiam sob o chicote de seus senhores. A classe média desaparecera; ficaram os extremos: muito rico e muito pobre. Uma desfrutava, esbanjava perdulariamente suas riquezas; a outra mendigava o pão. Os espetáculos dos gladiadores aumentaram a angústia do povo. As pequenas propriedades desapareceram. Prevaleceu o sistema latifundiário. Tornou-se agudo o problema racial, principalmente entre judeus e gentios. Essas desigualdades sociais clamavam por um Deus justo e bom, que pudesse reivindicar os direitos dos pequenos, muitas vezes conspurcados pelos poderosos e grandes.

O mundo romano

Deus também usou os romanos para preparar o mundo para a chegada de seu Filho. Os romanos estenderam suas conquistas até os extremos da terra e dominaram o mundo absolutamente. Assim, os frígios foram abatidos pelos hititas, os hititas pelos assírios, os assírios pelos babilônicos, os babilônicos pelos persas, os persas pelos gregos e os gregos pelos romanos. Estes, portanto, representavam o produto de todas as civilizações que remontavam a séculos. Foi num mundo desses em que Jesus nasceu. Deus cumpriu seu propósito ao permitir que seu Filho nascesse em plena dominação romana.

Contribuição dos romanos

As armas romanas começaram a se impor na Itália. Realizada a unificação, Roma voltou suas armas contra Catargo. Júlio César apodera-se da Gália e começa a dominar o Oriente. Seu sobrinho Otávio conclui a obra de conquista do Oriente. Quando Augusto em 31 a.C. declarou-se *Imperator Romanorum*, o mundo todo lhe estava sujeito, com exceção do extremo oriente e alguns germanos, como os godos. Roma declarava-se Protetora de todos os Estados. Há alguns fatores a serem considerados nessa dominação:

1. *Sociedade.* Era a mais imoral que se pode imaginar. Dominavam os vícios, os crimes, a vaidade, a luxúria e a miséria. A mulher tinha um valor insignificante; a criança nada valia. O divórcio alcançara o requinte da imoralidade, e o aborto era permitido.
2. *Governo provinciano.* Roma era a capital do mundo, a sede do grande Império. Augusto regia tudo através

de seus vassalos, juízes, reis, governadores ou coisa semelhante. Em cada província havia um cônsul ou procônsul, conforme sua importância. A metrópole procurava melhorar os meios de transportes e comunicação, a fim de estar em contato com as cidades de seu império. Por todos os lugares, estavam os publicanos, os arrecadadores de impostos. Roma dava ampla liberdade religiosa, e às vezes até política, aos vencidos. Assim, para Palestina, o governo romano sob Herodes, o Grande, foi bom, pois seus territórios foram dilatados e a Judeia era, quando Jesus nasceu, uma unidade, semelhante ao Israel dos dias de Salomão. Os romanos mantinham um exército em cada país ocupado (At 10). Isto ajudou sobremaneira a manter a paz no mundo.

3. *Religião.* A religião dos romanos fora importada da Grécia. Com Augusto, porém, começa o culto dos imperadores.
4. *Comércio.* A chamada "Pax Romana" trouxe um grande e intenso desenvolvimento comercial. As portas de Jano se fecharam, mas foram abertas as portas do comércio de todo o mundo. O Egito era o celeiro do império. Os romanos faziam transações comerciais com a Índia, Espanha, Britânia etc. Intensificou-se a navegação. O comércio obrigou a construção de estradas famosas como a "Via Apia", "Via Ignatia", superiores a muitas de hoje. Apareceram grandes firmas comerciais.

Contribuição dos judeus

Depois daquele período de glória dos macabeus, Herodes, o Grande, domina a Palestina. Seu reinado estende-se por muitos anos. A Judeia está sob a proteção dos romanos. As contribuições judaicas para o advento de Cristo foram notáveis.

1. *Posição geográfica.* As profecias assinalavam Judá como o berço de nascimento do Messias. Outras profecias determinavam até o lugar: Belém.
2. *Herodes, o Grande.* Apesar de toda a crueldade de Herodes, suas contribuições para o advento do Messias foram preciosas. Ele acabou com os hasmonianos, que estavam em encarniçadas guerras familiares, por causa do trono de Jerusalém. Os hasmonianos viviam de suas glórias passadas e disputariam, por certo, com Jesus, e até poderiam tentar eliminá-lo. Herodes acabou com eles. Houve paz e prosperidade na Palestina, e as boas ações do idumeu com Augusto trouxeram para Israel grandes benefícios, o que não se verificou depois da morte do poderoso monarca. Jesus nasceu quando Herodes reinava, e havia paz em toda a Judeia.
3. *Escribismo.* Esse movimento nasceu na Babilônia, encontrou em Esdras e Neemias seus lídimos e máximos expoentes, e entrou pelos séculos afora, e é grande e importante nos dias de Jesus. Ele constituiu o movimento de resistência contra as inovações de saduceus e helenistas. Tornou-se aquela corrente conservadora, depois ultraconservadora, alcançando mais tarde as raias do fanatismo, degenerando para a tradição, o espúrio, o humano, e tudo isso foi condenado por Cristo. Ele preservou o respeito dos judeus pela Torá, pela teologia judaica e por tudo o que se diz espiritual e divino. O campeão

do cristianismo, Paulo, era dessa corrente, pois os fariseus nasceram do escribismo.
4. *Sinagogas*. As sinagogas nasceram por causa da fidelidade dos escribas e do seu amor à Lei do Senhor. Elas concorreram para unir os judeus em questões espirituais, cultivar o estudo da Lei, alimentar a esperança do Messias e preservá-los das influências pagãs em costumes e religião. Para o cristianismo, as sinagogas constituem fortes alicerces, bases, pontos de partida para a propagação do Evangelho.
5. *Septuaginta*. A versão dos oráculos divinos para o grego, a língua universal dos dias de Cristo, foi uma das maiores contribuições para o advento de Cristo. Milhares e milhares de judeus moravam no estrangeiro: eram os da dispersão ou diáspora. Nada mais sabiam de hebraico nem de aramaico. Desejavam ler a Torá, os Profetas, os Salmos, mas não o conseguiam por esses se acharem em hebraico. A Septuaginta, portanto, permitiu-lhes a leitura do texto sagrado e ajudou-os a permanecerem firmes em Deus e a esperarem pelas promessas do Senhor.
6. *Nacionalismo*. O judeu era o povo mais nacionalista do mundo. Judeu é judeu. Não se comunicavam com os gentios. Essa tendência foi usada por Deus para mantê-los unidos sob a mesma esperança quanto ao Messias da Promessa.

Considerações finais

Deus preparou o mundo para receber seu Filho Unigênito. Roma, pelas armas, fechou as portas de Jano, havia paz no mundo; Grécia deu ao mundo a cultura, a língua; a Judeia contribuiu com seu tradicionalismo religioso e nacional, sua fidelidade ao Senhor, e o mundo estava plenamente preparado para receber o Messias.

Jesus não nasceu ao acaso. O seu nascimento em Belém ligava-se a um passado multissecular da intensa atividade de Deus em preparar todas as coisas para aquele glorioso momento. O apóstolo Paulo diz que Jesus nasceu na "plenitude dos tempos" (Gl 4.4). Quando tudo estava em condições de recebê-lo, então ele, o "sol" da profecia de Malaquias, despontou nos horizontes da humanidade.

"No devido tempo", é o que diz Paulo (Rm 5.9), Cristo se manifestou. O mundo em que Jesus nasceu era o melhor de toda a sua história, para assistir o evento de tamanha significação e repercussão. Por um lado, olhamos e vemos um mundo desiludido, vivendo em constantes lutas, em meio à imoralidade; um mundo de escravo, de opressores, de ambiciosos; um mundo de filosofias, ciências, artes, literatura; um mundo de religião, deuses, templos, sacerdotes; um mundo de conquistadores; um mundo de crimes, divórcios, infanticídios, horrores. Por outro lado, olhamos e vemos a mão de Deus ultimando tudo, dando derradeiros toques e, por meio da cruz de seu Filho, salvar a humanidade errante e perdida. Foi em tal tempo que nasceu o nosso Senhor Jesus Cristo.

Apêndice 1

Tabelas sinóticas do Período Interbíblico

CATIVEIRO BABILÔNICO (TEMPO DO EXÍLIO)

a.C.	Judá	Babilônia	Outras nações
610		Tríplice aliança entre Lídia (meio século)	Babilônia, Média (de paz)
605	Jerusalém capturada por Nabucodonosor	Morte de Nabucodonosor	
	Primeira deportação Daniel	Batalha de Carchemis Assíria e Egito submetidos à Babilônia e Média	O fim do Império Assírio (Nínive caiu 612)
598	Segunda deportação Ezequiel	Nabucodonosor no poder (604-562)	
587	Jerusalém destruída Terceira deportação Jeremias levado ao cativeiro	Babilônia embelezada Daniel e Ezequiel Nabônido (555-538) Confusão religiosa Inquietação Belsazar regente	**GRÉCIA** Esparta, senhora do sul Atenas, época de Sólon, 594 etc. Pisistratus (560-510) Colônias gregas na Ásia Menor sujeitas a Lídia (560)
538	Desolação em Judá	Fim do ministério de Daniel Ciro conquista a Babilônia	**ROMA** Reino de Tarquinius I (610-578) Reino de Servius Tullius (578-534) Reforma Serviana Ciro conquista a Média (533) e Lídia (546)

PERÍODO PERSA (536-333 a.C.)

A.C.	JUDEIA	MEDO-PERSA	GRÉCIA E MACEDÔNIA	EGITO E ROMA
536		Ciro domina a Babilônia (536-529)		Roma (reinado de L. Tarquinius Superbus) (534-509)
535	Primeira volta sob Zorobabel	Edito beneficiando os judeus		Último dos reis
525	Templo começado	Cambises (529-522) Invasão do Egito		Egito sujeito à Pérsia Colônia elefantina dos judeus no Egito
	Ageu e Zacarias			Roma (a República)
516	Templo dedicado	Dario Histaspis (526-486) Invasão da Europa		Começo da República (509)
486		Xerxes (486-465)	Clístenes (508)	Primeiro cônsul/Ditador (501)
		Invasão da Grécia	Guerras grego-pérsicas (494-449)	Os plebeus tomam o Tribunal (494)
465		Ester	Maratona (490) Salamina (480)	Contendas políticas
			Temístocles	
			Confederação de Delos (477)	
458	Segunda volta sob Esdras Reformas	Judeus na Babilônia Artaxerxes Longímanus (465-425)	Aristedes e Címon Século de Péricles (461-429) Paz de Calias (449)	Cincinato (460) Decenvirato (451)
455	Terceira volta sob Esdras — muros construídos	Fim da guerra com a Grécia	Guerra do Peloponeso (431-404) Xenofonte	Os Doze Códigos (449) Começo do sistema legal romano
433	Malaquias	Revolta da Síria		
425	Fim do período do Antigo Testamento	Declínio persa	Sócrates	Devassa de Roma pelos gauleses camilus
390			Supremacia tebana Filipe domina a Macedônia (359-336)	Primeiro cônsul plebeu (365) Guerra de Sanites (343)
359			Aristóteles e Platão Congresso de Corinto (337)	Campânia subjugada (338)
336			Alexandre, o Grande, no trono da Macedônia	Primeiro ditador plebeu (336)

PERÍODO GREGO (333-167 a.C.)

A.C.	Império Macedônico	Roma	Grécia
336	Alexandre, o Grande (334-323) Conquista da Ásia (334-328) Grânico e Isso	Roma domina a Itália Latinos (338)	Alexandre torna-se generalíssimo dos gregos (337)
322			
323	Entrada em Jerusalém Templo samaritano Divisão do Império		Liga Etólia (338)
320	**Ptolomeu** Soter (323-285)	Sanites (320) Conquista completa da Itália (266)	
285	Judeia sob o Egito Judeus no Egito Filadelfo (285-247)	Primeira Guerra Púnica (264)	Zenão e Epicuro Liga Aqueana (280) Corinto Pirrus
264	Septuaginta		Declínio das grandes cidades (250)
247	Evergetes (247-222) O maior Ptolomeu Invasão síria Josefo	**Seleuco** Antíoco, o Grande (223-187) Conflito com o Egito Derrotado pelo Egito	Sistema provincial
222	Filopator (222-205)		
217	Batalha de Ráfia	Judeia sob o controle sírio Tolerância para com os judeus	Aníbal invade a Itália (218) Batalha de Canas
205	Reforma do templo judeu		Conquista do Mediterrâneo (202)
198	Epífanes		
190	Dominação síria		Primeiras conquistas no Oriente Macedônia e Grécia (196)
175		Filopator (187-175) Templo despojado Antíoco Epífanes (75-164) Jason e Menelau Expedição contra o Egito	Província romana (196) Frustrados os desígnios de Antíoco

PERÍODO MACABEU (167-63 a.C.)

A.C.	JUDEIA	SÍRIA	ROMA
167	Revolta dos Macabeus	Antíoco Epífanes (175-164)	Macedônia subjugada (168) Antíoco Epífanes
166	Judas Macabeu (166-161) Vitórias contra o invasor	Campanhas contra a Judeia	
165	Dedicação do Templo Liberdade religiosa		
165	Jônatas (165-143) - Diplomacia Eleito sumo sacerdote Aparição de Partidos	Morte de Epífanes na Pérsia Rivalidade entre Balas e Sotes	Revolta na Espanha (153-139) Preparando-se Destruição de Cartago (146)
143	Simão (143-135) Liberdade Política Aliança com Roma	Jerusalém sitiada	Destruição de Corinto (146)
135	João Hircano I (135-106) Dinastia Hasmoniana Fronteiras dilatadas Templo Samaritano destruído Paz e prosperidade	Traição de Trifon por Antíoco Sidetes Fim das hostilidades	Grécia, uma província Era dos Gracos (134-121) Reformas populares Ásia, uma província
106	Aristóbulo "Rei"		
105	Alexandre Janeu (105-78) Fronteiras dilatadas Fariseus na liderança		Mário e Sila (106) Guerras Sociais (90-88)
78	Alexandra (78-69) Farisaísmo florescente		Guerra Civil Pompeu no poder (72)
69	Hircano II e Aristóbulo II dividem o poder		
63	Pompeu recebe Palestina Pompeu no Templo Aristóbulo e sua família vão vitoriosos a Roma		Pirataria destruída Cícero e Catilina
			Júlio César no poder

PERÍODO ROMANO (63-4 a.C.)

Judeia	a.C.	Roma
Gabino governador da Síria	63	Júlio César (63-64)
	60	Primeiro Triunvirato
Alexandre tenta libertar Judeia		
Antípater e Hircano II cooperam com Gabino		César na Gália (58-49)
Novas tentativas dos hasmonianos		Crasso na Síria
Crasso explodia o Templo		
Cássio vende como escravos judeus que participavam da insurreição	48	Rivalidade entre Pompeu e César
Antípater auxilia a César no Egito		
Antípater e Hircano controlam a Judeia	44	Batalha de Filipos César Imperador
Herodes e Fasael		Morte de César
Herodes governador da Galileia	42	Segundo Triunvirato
Antonio confirma os postos dos filhos de Antipater	41	Batalha de Filipos Otávio e Antonio dividem os domínios romanos
Judeia, província romana		
Antígono alia-se aos partos para apoderar-se da Judeia		
Morte de Fasael — caprichos de Herodes		
Herodes, rei dos judeus	37	Virgílio
Agitação dos saduceus	31	Batalha de Actrium
Tragédias domésticas	28	
Antonio e Cleópatra	14	Otávio, Imperador César Augusto
Helenizando a Judeia		
Reconstrução do templo	4	
Declínio de Herodes		
Tragédias domésticas		Marcos Agripa
Nascimento de Cristo		
Morte de Herodes	5	Século de Augusto

Apêndice 2
Hinos de louvor dos essênios

A hinologia dos essênios era vasta e muito rica. Eles cantavam sempre e os mais variados louvores ao Todo-poderoso. Nisso foram semelhantes aos cristãos.

Tentamos uma tradução livre de alguns de seus hinos de louvor. Naturalmente não obedecemos aos preceitos rigorosos da forma poética. Fizemos alinhavos apenas para dar ao leitor uma ideia do que foi a hinologia dos essênios, esse povo estranho e solitário dos desertos de Judá, especificamente das imediações do mar Morto. Dos seus monumentos do passado restam os pergaminhos que hoje dormem nos museus e as ruínas de suas colossais construções perto de Engedi, conhecidas como Cumram.

Hino II (2,7-19)
Tu sustentaste a minhalma
Com lombos fortalecidos e a força renovada,
E firmaste os meus passos
Quando arrastado ao domínio da maldade.
Tornei-me opróbrio dos transgressores,
Mas em salvação para os que se arrependeram da
 transgressão,
Em prudência para o simples
E rochedo para os corações vacilantes.

Fizeste-me alvo da reprovação e escárnio
De homens infiéis,
Porém, fonte de verdade e inteligência
De homens de reta conduta.
Fui feito, pela baixeza dos iníquos,
Em má fama nos lábios dos violentos.
Os prepotentes rangiam os dentes;
Os arrogantes me reduziram a uma canção ridícula,
E contra mim clama a assembleia dos perversos.
Rugem como oceano agitado
Quando as ondas encapeladas lançam lodo à terra.
Entretanto, tu me desfraldaste como bandeira dos
 justos eleitos
E me puseste por intérprete de portentosos mistérios,
Para provar (aos homens) de verdade e experimentar aos
 que amam a instrução.
Converti-me num homem belicoso contra os ofensores do
 erro.
Porém, fonte de paz para os de reto critério.
Minha alma se irrita contra os que buscam caminhos
 fáceis.
Sim, respiro, mas os falsários me perseguem
Como ondas do mar bravio.
Seus pensamentos são astúcias de Beliaal.
Lançariam ao abismo vidas alheias.
Com estas palavras estabeleceste ensinamento.
Puseste no coração inteligência,
E assim se abriu uma fonte de conhecimento para aqueles
 que querem entender;
Mas mudaram tudo, com lábios incircuncisos e língua
 estranha,
Em povo sem compreensão que se perderá no erro.

Hino III (2,20-30)

Graças te dou, Senhor,
Porque puseste minhalma

No centro da vida
E me cercaste em derredor
Contra os laços do abismo;
Pois os violentos tentaram contra minha vida,
Quando me voltava firmemente para tua aliança.
Entretanto, são hordas detestáveis
E súcia de Beliaal.
Ignoram que minha função de ti procede
E que teu favor salva a minha vida,
Porque tu orientas meus passos.
Não fora por ti, maquinariam contra a minha vida,
E serás glorificado por teus juízos sobre os ímpios,
E mostrarás em mim teu poder aos filhos dos homens,
Pois tu me sustentas.
Disse: Homens poderosos se uniram contra mim,
Cercando-me com suas máquinas de guerra.
Sem cessar atiraram setas
E chamas terríveis como fogo devorador (de lenha).
Como o bramido de águas poderosas e o estrépito do
   seu clamor,
Tempestuosa nuvem vagando para perdição de muitos.
Até aos céus chegam seus gritos e o rugir
De suas ondas sobem às alturas.
E eu, com coração derretido como água me apego à tua
   aliança.
Mas seus pés se prenderam nas redes que armaram para
   mim.
Caíram nos laços que armaram para mim.
Mas eu piso em terra firme.
Bendirei o teu Nome nas assembleias.

Hino VIII (7,6-14)

Graças de dou, ó Senhor,
Porque tua força me susteve
E teu Santo Espírito me guardou.
Não temerei.

Fortaleceste-me para enfrentar guerras iníquas;
Apesar da sua destruição
Não permitiste que o terror me afastasse da tua aliança.
Puseste-me como forte torre em muro altaneiro.
Firmaste na rocha o edifício que construí
Com material resistente para minha comunidade.
Transformaste os meus muros em provadas defesas
Que não se abalarão.
Sim, tu, ó Deus, os puseste
Para os que se retiram da santa congregação
E da tua aliança.
E minha língua como a de homens que tu ensinaste,
    proclamará.
Mas o espírito de destruição se calou,
E nem os filhos rebeldes têm língua para responder,
Pois os lábios da falsidade emudeceram.
Todos os meus adversários por ti foram condenados no juízo,
Separados por meu intermédio, justos e perversos;
Porque conheces a fonte das obras
E reprimes qualquer manifestação da língua.
Tornaste firme meu coração
Nos teus ensinamentos e na tua verdade
Dirigindo os meus passos no caminho da retidão,
Para que eu ande diante de ti nas balizas da...

Hino IX (7,26-32)

Graças te dou, ó Senhor,
Porque permitiste-me entender tua verdade,
E dos teus maravilhosos segredos me deste conhecimento,
Assim como de teus amorosos favores a um pecador,
E de tua infinita piedade para um coração perverso.
Quem, Senhor, és como tu entre os deuses, ó Senhor?
E que possui Verdade como a tua?
Quem pode julgar-se reto em tua presença?
Ninguém duvida do teu julgamento.
A glória é como o vento,

E nada resiste à tua ira.
Conduzes a todos os filhos da tua verdade
Ao perdão diante de ti,
Purificando-lhes as transgressões
Na superabundância da tua bondade
E na magnanimidade da tua misericórdia
Para conceder-lhes alento diante de ti
Para todo o sempre.
Porque Deus eterno és tu,
E todos os teus caminhos estão estabelecidos
Para sempre e sempre.
Nada se compara a ti, Senhor.
Que é o homem de barro
E o possuidor de vaidade
Para compreender tuas portentosas obras?

Hino XIII (10,3-12)

Que é, pois o homem, feito da terra,
Um punhado de argila, que tornará ao pó,
Para que tu lhe concedas
Entendimento das tuas maravilhas como estas,
E o segredo de tua verdade
Lhe deste conhecimento?
Que poderei fazer, se tu não queres?
E que pensamento poderei ter sem tua permissão?
Qual será minha força se tu te opuseres?
Como terei entendimento se tu não o formares em mim?
Como falarei se não abrires a minha boca?
Como responderei se não me deres compreensão?
És, portanto, príncipe dos poderosos e monarca dos
　　honrados,
Senhor de todo espírito e dirigente de cada criatura.
Sim, nada se fará
E nada se saberá sem teu consentimento.
Como tu, não existe outro
E não há força como a tua.

Nada se compara à tua glória,
E sem igual é o teu poder.
Qual de tuas grandes e maravilhosas criaturas
Pode permanecer de pé diante de tua glória?
Quem tornará ao seu pó
Para ter força?
Somente para tua glória fizeste tudo isto.

Hino XV (12,3-13)

Louvarei o teu nome entre os que te temem.
... oração, prostrado em súplica
Continuadamente, à medida que o tempo sucede ao tempo,
Ao chegar a luz da (sua morada),
No transcurso do dia segundo sua ordem
E as leis do grande luminar;
Ao entrar da noite e o desaparecer da luz,
Ao princípio do império das trevas,
Até o período do passar da noite,
Até o raiar da manhã,
E quando se retira de sua casa a luz.
A noite que se foi e o dia que chegou,
Sempre e sempre, quando surge o tempo,
Nos pontos vitais de suas divisões,
No curso das estações,
De acordo com sua ordem e com seus sinais,
Em todos os domínios da sua força,
Por ordem fixada por decreto de Deus
Pela lei daquele que é, e que existirá para sempre,
E diante de quem não houve e nem outro haverá,
Porque assim o estabeleceu o Deus da sabedoria,
E diante dele não há outro.
E eu, ó Senhor meu, com entendimento te conheço,
Porque o espírito que em mim puseste,
E fielmente ouvi teu prodigioso segredo.
Com teu Santo Espírito despertaste em meu interior
O conhecimento do segredo da tua providência.

Bibliografia

ADAMS, J. Mackee. *A Bíblia e as civilizações antigas.* Rio de Janeiro: Dois Irmãos, 1962.

AHARONI, Yohanon & AVI YONAH, Michael. *Bible Atlas.* New York: Macmillan, 1977.

ANGUS, Josef. *História, doutrina e interpretação da Bíblia.* Rio de Janeiro: Casa Publicadora Batista, 1951.

ARENS, E. *Ásia Menor nos tempos de Paulo: Lucas e João.* São Paulo: Paulus, 1998.

BAILEY, K. *A poesia e o camponês: as parábolas de Lucas.* São Paulo: Vida Nova, 1985.

BANHOME, Manuel Jimenez. *Cantam essênios no deserto vivo.* Versão portuguesa de Carmen Mello. [s/l]; [s/d].

_____. *Os misteriosos habitantes do deserto de Judá (sua vida, seu escritos).* Terenge e Banco de Crédito Real de M.G. [s/l]; [s/d].

BELL JR., A. *Explorando o mundo do Novo Testamento.* Belo Horizonte: Atos, 2001.

BERGER K. *As formas literárias do Novo Testamento.* São Paulo: Loyola, 1998.

BIBLIOTECA DE CULTURA JUDAICA. Rio de Janeiro: Tradição, 1967. 10 vols.

BROADUS, John A. *Comentários de Mateus*. 2 volumes. Rio de Janeiro: Casa Publicadora Batista, 1942.

BURROWS, Millar. *Los Rollos Del Mar Muerto*. Mexico: Fondo de Cultura Econômica, 1958.

BUYERS, Paul Eugene. *Nos tempos de Jesus*. Rio de Janeiro: Confederação Evangélica do Brasil, 1943.

CAMARGO, Sátilas Amaral. *A eternidade da Palestina*. São Paulo: Imprensa Metodista, s.d.

CASPER, Bernard M. *Uma introdução ao comentário judaico da Bíblia*. Rio de Janeiro: Biblos, 1964.

COLEMAN, W. L. *Manual dos tempos e costumes bíblicos*. Venda Nova: Betânia, 1991.

CONNOLLY, P. *A vida no tempo de Jesus de Nazaré*. Lisboa: Verbo, 1983.

COTHNET, E. *São Paulo e seu tempo*. São Paulo: Paulus, 1985. (Cadernos Bíblicos)

CRABTREE, A. R. *Arqueologia bíblica*. 2ª ed. Rio de Janeiro: Casa Publicadora Batista, 1958.

DANA, H. E. *O mundo do Novo Testamento*. Rio de Janeiro: Casa Publicadora Batista, 1955.

DANIEL-ROPS, H. *A vida diária nos tempos de Jesus*. São Paulo: Vida Nova, 1983.

DAVIS, John D. *Novo dicionário da Bíblia*. Ed. ampl. e atual. São Paulo: Hagnos, 2005.

DOUGLAS, J. D. (ed.). *O novo dicionário da Bíblia*. 3ª ed. rev. São Paulo: Vida Nova, 2006.

DOWLEY, Tim. *Atlas Vida Nova da Bíblia e da história do cristianismo*. São Paulo: Vida Nova, 1998.

ECHEGARAY, J. González. *O Crescente Fértil e a Bíblia*. Petrópolis: Vozes, 1995.

EISELEN, Federico Carlos. *Comentario bíblico de Abingdon*. Buenos Aires: La Aurora, 1930.

ENCICLOPEDIA DE LA BÍBLIA. Barcelona, Espanha: Garriga, 1963. 6 vols.

FIGUEIREDO, A. P. *Bíblia Sagrada*. São Paulo: Editora das Américas, [s/d].

GALBIATI, E. R. & ALETTI, A. *Atlas histórico da Bíblia e do Oriente Antigo*. Petrópolis: Vozes, 1991.

GREEN, M. *Evangelização na igreja primitiva*. São Paulo: Vida Nova, 1970.

GUVUSSIS, N. *Grécia*. Athens: Thiramenus, 10, 1976.

HAMMAN, A.-G. *A vida cotidiana dos primeiros cristãos (95-197)*. São Paulo: Paulus, 1997.

JEREMIAS, J. *As parábolas de Jesus*. São Paulo: Paulinas, 1983.

_____. *Jerusalém no tempo de Jesus*. São Paulo: Paulinas, 1983.

JOSEFO, Flávio. *História dos hebreus*. São Paulo: Editora das Américas, 1956. 9 vols.

KALLEK, Teddy. *This is Jerusalem*. 3ª ed. Tel-Aviv: Herritage, 1973.

KASCHEL, Werner. *Viagem à Palestina*. Rio de Janeiro: Casa Publicadora Batista, 1959.

LANGUE, John Peter; SCHAFF, Philip. *A Commentary of the Scriptures*. "The Apocrypha of the Old Testament". New York: Charles Scribner's Sons, 1880. (25 vols.)

MALET, Alberto; MAQUE, Carlos. *Grécia*. Buenos Aires: Hachette, 1939.

_____. *Roma*. Buenos Aires: Hachette, 1939.

MARKUS, R. A. *O fim do cristianismo antigo*. São Paulo: Paulus, 1997.

MASO, Leonardo B. Dol. *Roma de los Cesares*. Itália: Bonechi, s.d. (IL Turismo).

MCEVEDY, Colin. *Atlas da história antiga*. São Paulo: Verbo, 1990.

McGinty, C. Lamar. *From Babylon To Bethlehem*. Nashville, Ten.: Sunday School Board, 1929.

Meeks, W. A. *As origens da moralidade cristã*. São Paulo, Paulus: 2000.

_____. *O mundo moral dos primeiros cristãos*. São Paulo: Paulus, 2000 .

_____. *Os primeiros cristãos urbanos: o mundo social do apóstolo Paulo*. São Paulo: Paulus, 2000.

Mehlmann, J. *História da Palestina nos tempos do Novo Testamento*. Vol 1: "História Política da Palestina nos tempos do Novo Testamento" [primeira parte]. São Paulo Eurípides Simões de Paula, 1961. (Coleção da Revista de História).

Mesquita, A. N. *Povos e nações do mundo antigo*. 2ª ed. Rio de Janeiro: Casa Publicadora Batista, 1973.

_____. *Panorama do mundo bíblico*. Rio de Janeiro: Casa Publicadora Batista, 1973.

Millard, A. *Descobertas dos tempos bíblicos*. São Paulo: Vida, 1999.

Motta, Otoniel. *Israel, sua terra e seu livro*. São Paulo: Heros, 1928.

Oncken, Guilherme. *História universal*. Lisboa: Antiga Casa Bertrand, José Bastos e Cia. Editores. [s/d].

Orr, James (Ed.). *The International Standard Bible Encyclopaedia* . Grand Rapids, Mich.: Eerdmans, 1952. 5 vols.

Paul, A. *Judaísmo tardio: história política*. São Paulo: Paulinas, 1983.

_____. *O que é o Intertestamento*. São Paulo: Paulinas, 1981. (Cadernos Bíblicos).

Pouilly, J. *Qumrã*. São Paulo: Paulinas, 1992. (Cadernos Bíblicos).

Rand, W. W. *El Diccionario de la Santa Biblia*. San José, Costa Rica: Caribe, 1971.

REICKE, Bo. *História do tempo do Novo Testamento.* São Paulo: Paulus, 1996.

RICHARDSON, D. *O fator Melquisedeque.* São Paulo: Vida Nova, 1986.

RIFFEY, John L. *Introdução ao estudo do Velho Testamento.* Rio de Janeiro: Casa Publicadora Batista, 1948.

RODRIGUES, José Carlos. *Estudo histórico e crítico sobre o Velho Testamento.* Rio de Janeiro: Edição do Autor, 1921. 2 volumes.

ROWLEY, H. H. *A fé em Israel.* São Paulo: Paulinas, 1977.

RUSSELL, D. S. *El Periodo Intertestamentário.* Buenos Aires: Casa Bautista Publicaciones, 1973.

SAMPEY, Jonh R. *Coração do Velho Testamento.* Rio de Janeiro: Casa Publicadora Batista, [s/d].

_____. *Sillabus For Old Testament Study.* Nashville, Ten.: Sunday School Board, 1924.

SAMUEL, Rinara. *Israel, Tierra de Fé.* Tel-Aviv: Steimatzky, 1973.

SAULNIER, C. & ROLLAND, B. *A Palestina no tempo de Jesus.* São Paulo: Paulinas, 1983. (Cadernos Bíblicos).

SCHUBERT, Kurt. *Os partidos religiosos hebraicos da época neotestamentária.* São Paulo: Paulinas, 1985.

SMITH, William. *Entre los dos Testamentos.* México: Casa Unida de Publicaciones, 1929.

STAMBAUGH, J. E. & BALCH, O. L. *O Novo Testamento em seu ambiente social.* São Paulo: Paulus, 2000.

STEWART, R. G. *Comentario Esegetico Pratico Dei Quattro Evangeli.* 3.ª ed. Torre Pellice: Libreria Editrice Claudiana, 1929.

STIRLING, John. *An Atlas of the New Testament.* 4ª ed. London: George Philip and Son Limited, 1966.

TAYLOR, W. C. *Evangelho de João. Tradução e comentário.* Rio de Janeiro: Casa Publicadora Batista, 1943. 3 vols.

_____. *Introdução ao estudo do Novo Testamento Grego.* Recife: Tipografia C.A.B., 1932.

TENNEY, M. C.; PACKER, J. I. & WHITE JR. W. *O mundo do Novo Testamento.* São Paulo: Vida, 1988.

_____. *Vida cotidiana nos tempos bíblicos.* São Paulo: Vida, 1984.

THOMPSON, J. A. *A Bíblia e a arqueologia.* São Paulo: Vida Cristã, 2004.

TYLOCH, W. J. *O socialismo religioso dos essênios.* São Paulo: Perspectiva, 1990.

UNGER, M. *Arqueologia do Antigo Testamento.* São Paulo: Imprensa Batista Regular, 1980.

VAUX, R. de *Instituições de Israel.* São Paulo: Teológica, 2003.

WESTMINSTER: ATLAS HISTÓRICO DE LA BIBLIA. El Paso, Texas: Casa Bautista de Publicaciones, 1971.

WILKINSON, J. *Jerusalém Anno Domini.* São Paulo: Melhoramentos, 1993.

WILSON, E. *Los Rollos del Mar Muerto.* México: Fondo de Cultura Económica, 1956.

YOHANON, Aharoni & AVI-YONAN, Michael. *The Macmillan Bible Atlas.* New York: Collier Macmillan Publishers, 1977.

Sua opinião é importante para nós.
Por gentileza, envie-nos seus
comentários pelo e-mail
editorial@hagnos.com.br

Visite nosso site: www.hagnos.com.br

Esta obra foi impressa na
Imprensa da Fé.
São Paulo, Brasil.
Inverno de 2021.